샌프란시스코에 가면 왜 머리에 꽃을 꽂을까

샌프란시스코에 가면 왜 머리에 꽃을 꽂을까

초판 인쇄   2026년 4월 23일
초판 발행   2026년 5월 09일

지은이   이지오
발행인   조현수
펴낸곳   도서출판 프로방스
기획   조영재
마케팅   최문섭
편집   문영윤

주소   경기도 파주시 광인사길 68, 201-4호(문발동)
전화   031-942-5366
팩스   031-942-5368
이메일   provence70@naver.com
등록번호   제2016-000126호
등록   2016년 06월 23일

정가 18,000원
ISBN 979-11-6480-414-6 (13190)

낡은 선율 위에 겹쳐진 당신과 나의 가장 닮은 외로움

샌프란시스코에 가면 왜 머리에 꽃을 꽂을까

이지오 **지음**

프로방스

초등학교 시절 과학 시간에 선생님이 말했다.

"여러분 앞에 막대자석이 두 개 놓여 있죠? 각 자석에는 빨간색과 파란색이 칠해져 있고요. 두 자석을 같은 색끼리 한번 붙여볼래요?"

'어?'

이 '어?'라는 느낌이 내 기억 속 최초의 불가항력이었다. 어떻게든 자석을 붙여보려 안간힘을 썼지만, 둘이 서로를 밀어내는 힘은 대단했다. 나는 졌다. 척력斥力이라는 불가항력에.

인간은 끊임없이 내가 가서 달라붙을 존재를 찾는다. 어릴 땐 부모님 품에 안기고, 학교에 가면 친구들과 어깨동무를 하고, 조금 나이가 들면 연인과 손을 잡는다. 결혼하면 배우자와 한 이불을 덮고 잔다. 좋아하는 사람과 붙어있으면 외롭지 않다. 그래서 그 시간이 영원히 지속되길 바란다.

하지만 인간은 장미와도 같다. 너무 가까워지면 각자의 몸에 달린 가시가 서로를 쿡쿡 찌른다. 나와 그 사람 사이에 척력이 작용하기 시작한다. 아이러니하게도 내가 그 사람을 더 사랑할수록 그 힘도 비례해서 커진다.

나와 어머니의 관계도 그랬다. 어릴 때 난 시도 때도 없이 어머니 품으로 달려들었다. 그러면 어머닌 "우리 아들!" 하면서 나를 꼬옥 안아주었다.

하지만 이런 훈훈함도 잠시. 내가 숙제하는 걸 잠시 미루고 만화영화를 보고 있으면 어머닌 곧장 큰 소리로 나무랐다. 그럴 때마다 나는 똑같이 큰 소리로 맞받아쳤다.

"이제 할라 그랬는데 왜 소리 질러요!"

"미리 해놓고 보면 엄마가 왜 소릴 질러!"

그렇다. 어머니와 나는 자석으로 치면 같은 극이다. 같은 극끼리는 절대로 달라붙지 않는다. 시간이 지날수록 나는 우리 두 사람 사이의 척력을 점점 더 강하게 느끼기 시작했다.

　그런데 자석과 인간은 다른 점이 있다. 같은 극끼리의 인간은 멀어지다가도 서로한테서 '나'를 발견한다는 것이다. 그때 그들은 물방울이 된다. 비 오는 날 창문에 맺힌 물방울처럼 서로를 발견하면 금세 달라붙는다.

　어느 날 어머니 방에서 『흘러간 팝송』이라는 포켓북을 발견했다. 누우렇게 변색된 싸구려 종이에서 퀴퀴한 냄새가 났다. 책 안에는 6, 70년대 팝송 가사가 쓰여 있었고 그 밑에 한글로 번역이 되어 있었다. 번역은 오류투성이였다. 책 표지엔 출판사도 제대로 적혀 있지 않았다.

　"엄마, 이거 무슨 책이에요?"

　　　　　　　　　　　　　샌프란시스코에 가면 왜 머리에 꽃을 꽂을까

"아 그거 옛날에 엄마가 회사 다닐 때 길거리에서 산 거야."

어머니가 회사 다닐 때라면 결혼 전이란 소린데, 그럼 정말로 오래된 책 아닌가.

"이걸 왜 샀어요?"

"어릴 때 즐겨 듣던 노래가 많아서. 당시엔 부모님과 떨어져 지냈는데, 그때 참 외로웠지. 그때 엄마 마음을 위로해 주던 게 팝송이었거든."

당시만 해도 내가 아는 가장 오래된 팝은 머라이어 캐리나 보이즈 투 맨 정도였다. 그런데 6, 70년대 팝송이라니 너무도 먼 이야기 같았다. 나와는 상관없는 책인 것 같아서 도로 제자리에 놓고 방에서 나왔다.

어느 날 집에 친척 동생이 놀러 왔다. 방에서 혼자 음악을 듣고 있는데 동생이 들어와 물었다.

"형, 뭐 듣고 있어?"

"S.E.S. 몰라?"

"아니, 알긴 알지. 근데 이게 언제 적 노랜데……이런 거 말고 좀 핫한 요즘 노래 없어?"

그때 난 깨달았다. 나도 어머니처럼 흘러간 음악을 들으면서 옛 추억을 더듬고 있었다는 걸. 그렇다고 그 시절이 전부 좋은 것만도 아니었다. 어머니가 팝송으로 추억하던 시절이 외로운 시절이었던 것처럼.

내가 흘러간 노래를 듣고 있었던 이유는, 그 노래 속에는 나의 추억이 서려 있고, 나의 꿈이 있고, 나의 외로움과 괴로움이 있고, 무엇보다 '다시는 돌아갈 수 없는 그때 그 시절'이 있었기 때문이다.

나는 다시 안방으로 들어갔다. 그리고 『흘러간 팝송』을 들고 나와 책 안에 실린 노래들을 일일이 찾아 들어보았다. 그리고 눈을 감고 조용히 상상해 보았다. 어머니의 어릴 적 모습을. 아직은 엄마 아빠 품이 절실한 나이에 부모님과 떨어져 살며 카펜터스와 비틀즈를 듣고 있던 어머니. 그때 어머니 눈동자엔 무엇이 담겨 있었을까?

사랑은 다리를 놓아 준답니다
당신의 가슴과 내 가슴 사이에

- 더 저즈The Judds의 <Love Can Build A Bridge> 중에서

이 책을 사랑하는 어머니 한재경 여사에게 헌정합니다.

차 례

낡은 선율 위에 겹쳐진
당신과 나의 가장 닮은 외로움

1

크리스마스 다음 날이 더 거룩한 이유

스콧 맥켄지 Scott McKenzie

San Francisco (Be Sure to Wear Flowers in Your Hair) (1967)

———————

지난 크리스마스를 당신이 어떻게 보냈는지 맞혀보겠다.

· 12월 24일 : 저녁에 연인 또는 친구들과 놂.
· 12월 25일 : 집에서 쉬면서 숙취 해소 또는 『나 홀로 집에』 시청.
· 12월 26일 : 일상으로 복귀. 다시 바쁘게 삶. 그런데 어딘가 찝찝함.

아마도 이와 비슷했을 것이다. 그런데 마지막에 '찝찝함'의 정체는 무엇일까? 단지 크리스마스에 들떴던 기분의 여파라면 '아쉬움'

샌프란시스코에 가면 왜 머리에 꽃을 꽂을까

이란 표현이 더 맞을 것이다. 어릴 땐 크리스마스가 끝나면 분명 아쉬움이 컸다. 하지만 지금의 이 찜찜함은 그것과는 분명 다르다.

영문학자이자 탁월한 수필가였던 고故 장영희 교수가 들려준 이야기 중에 특히 인상 깊었던 것이 있어 잠깐 소개하겠다.

미국 샌프란시스코에는 다리가 많은데 차를 타고 다리를 건널 때는 1달러가량 통행료를 낸다고 한다(그녀가 이 글을 썼을 당시의 이야기라 지금은 어떨지 모르겠다.).

그런데 크리스마스나 추수감사절 같은 특별한 날에는 간혹 재밌는 일이 벌어진단다. 톨게이트에서 갑자기 한 운전자가 1달러가 아닌 2달러를 내면서 "제 뒷사람 것까지요"라고 한다는 거다. 그러면 뒤차는 "그럼 이건 제 뒤차 몫입니다"라면서 원래 자기 몫으로 내려던 1달러를 똑같이 낸다. 이런 일은 거의 하루 종일 반복되면서 요금을 내는 사람, 받는 사람 모두가 행복한 미소를 짓는다는 게 그녀의 이야기다.

샌프란시스코에 갈 때는
머리에 꽃을 꽂는 걸 잊지 마세요
샌프란시스코에 가면
친절한 사람들이 기다리고 있을 거예요

이번 여름엔 샌프란시스코를

방문하는 사람들을 위해

사랑의 집회가 열릴 거랍니다

거리에는 머리에 꽃을 꽂은

상냥한 사람들로 넘쳐날 것이죠

머리에 꽃을 꽂는다고 하면 한국 사람들은 으레 영화 『웰컴 투 동막골』의 여일(姜惠貞 扮)과 같은 모습을 떠올릴 것이다. 그러나 이 노래에서 말하는 꽃은 그것과는 조금 다른 의미다. 여기서 꽃은 비폭력 시위를 상징한다. 한국에서의 촛불과 비슷하다고도 할 수 있겠다.

미국에서 베트남 전쟁에 대한 반대 시위가 확산될 무렵, 한 시인이 "폭력을 폭력으로 반대해선 안 된다"고 주장했다. 그러면서 플라워 파워Flower Power를 강조했다. 시위에 참가하는 사람들은 돌과 화염병 대신 꽃을 들어야 한다는 것이었다.

이러한 주장은 특히 히피라 불리는 사람들에게 적극적으로 받아들여졌다. 그리고 그 중심에는 샌프란시스코라는 도시가 있었다.

그들은 뭉쳤다. 샌프란시스코에서, 뉴욕에서, 백악관과 펜타곤 앞에서. 그들은 일제히 머리에 꽃을 꽂고 더 이상 우리 아들, 오빠,

동생, 삼촌을 명분 없는 전쟁의 희생양으로 삼지 말아 달라 애원했다. 그리고 그곳에선 예외 없이 〈San Francisco〉가 울려 퍼졌다.

✳

크리스마스 하루 전날이 이브라는 건 알아도 다음 날이 박싱 데이Boxing Day라는 걸 아는 사람은 많지 않다. 그 기원에 대해 잠시 알아보자.

봉건시대 유럽 귀족들 중엔 이런 생각을 한 사람들이 있었다.

'크리스마스는 모든 인간을 사랑하는 예수님을 기리는 날인데 우리끼리만 즐거워도 되는 걸까?'

그래서 그 '일부' 귀족들은 크리스마스 다음 날 각종 음식과 옷가지, 곡식 등을 상자에 담아(boxing) 하인들에게 나누어 주었다. 보너스까지 얹어주며 고향에 다녀오라는 사람도 있었다. 이것이 박싱 데이의 유래로 알려져 있다.

크리스마스 당일엔 맘껏 하인들을 부려 먹고 다음 날이 돼서야 챙겨주는 척하는 그들이 다소 위선적으로 보일지도 모른다. 조금 점잖은 이기주의자처럼 보일 수도 있다. 하지만 지엄했던 귀천상하의 시대에 어떻게든 하인들을 챙겨주려 했던 그들의 마음도 나름 훌륭한 게 아닐까?

인류가 그래도 지금까지 존속할 수 있었던 건 위대한 행동을 처음으로 생각해 내고 실천한 사람들이 있었기 때문이다. 샌프란시스코 다리에서 뒤차 통행료까지 낸 운전자, 화염병 대신 꽃을 들자고 말한 시인, 하인들의 크리스마스까지 챙겨준 귀족 같은 사람들 말이다.

이번 당신의 크리스마스는 기대만큼 즐겁지 않았을 수도 있다. 만날 연인도 없고, 만나봤자 돈도 없고, 가족과 관계가 나빠져 모임에 초대를 받지 못해 우울했을 수도 있다. 하지만 언제나 나보다 덜 가진 사람은 존재하기 마련이다.

당신의 신세를 억지로 호사로 만들어 죄책감을 느끼라는 건 아니다. 다만 피터 싱어가 『빈곤해방』에서 말했듯, 지금 우리가 소유한 것과 소비하고 있는 것은 다른 누군가를 돕거나 살릴 수 있는 가능성의 소멸이기도 하다. 크리스마스 다음 날 당신이 느꼈던 찜찜함이 바로 이 소멸에서 비롯된 '마이너스의 느낌'일지도 모른다.

그럼 플러스의 느낌을 가지려면 어떻게 해야 할까? 더 많은 걸 소유하는 것도 플러스지만, 소멸될 뻔한 가능성을 되살리는 것도 플러스이다. 그게 꼭 기부일 필요는 없다. 평소 당신이 마이너스로 간주했던 양보나 배려, 사과의 한마디를 베푸는 것이 될 수도 있다. 동네 재즈바의 라이브 연주자에게 보내는 평소보다 조금 더 큰 박수갈채가 될 수도 있다.

그리고 그게 꼭 크리스마스일 필요도 없다. 중세 귀족들이 그들의 소멸될 뻔한 가능성을 하루 늦게 되찾았던 것처럼, 우리도 하루

늦게, 혹은 이틀 사흘 후에도 얼마든지 되찾을 수 있다.

우리는 우리가 벌어들이는 걸로 생계를 꾸리지만,

우리가 주는 걸로써 참된 삶을 꾸린다.

- 윈스턴 처칠

2

이 사랑 꼭 말로 통역해야 하나요?

노 다웃 No Doubt

Don't Speak (1996)

집 앞 골목에서 한 쌍의 남녀가 싸우고 있었다.

여자 : 내가 왜 화났는지 몰라서 그래?

남자 : 아니 말을 안 하는데 어떻게 아냐고!

여자 : 오빠 완전 변한 거 알아? 전에 오빠가 했던 말은 전부 거
짓이었구나?

남자 : 무슨 말? 내가 뭐라고 했는데?

여자 : 참 내…됐다. 말을 말자 말어.

남자 : 아 그니까! 내가 무슨 말을 했냐니깐? 말을 해줘야 알지!

잔뜩 뿔이 난 여성을 보면서 영화 『클로저』의 나탈리 포트만 대사가 떠올랐다.

"사랑? 그게 어딨는데? 안 보여! 만져지지도 않고 느낄 수도 없잖아."

앞선 여성과 나탈리 포트만의 공통 문제는 사랑을 '들으려' 했다는 것이다. 좀 더 정확하게는, 상대가 사랑의 약물을 손수 나의 귓속에 넣어준 다음 약물이 마르면 또다시 넣어주기를 바랐던 것이다.

이때 리필refill이 끊기면 거의 미쳐버릴 지경이 된다. 마치 금단 현상에 시달리는 중독자처럼.

당신과 나
우리 두 사람은 늘 함께였죠
가장 소중한 친구이기도 했던 당신
이제 당신과 끝이라니 믿을 수가 없어요

당신은 이제 완전히
마음을 정리한 것처럼 보이네요
그 마음을 들여다보고 싶진 않아요

말하지 마세요
무슨 말인지 알 것 같으니까
더 이상 설명하려 들지 마요
내겐 상처만 될 테니까
말하지 마요

노 다웃의 보컬 그웬 스테파니는 친오빠 에릭이 만든 러브송 〈Don't Speak〉의 가사를 직접 개사해 이별송으로 만들었다. 당시 막 남친과 헤어진 상태였기 때문이었다. 게다가 전 남친은 같은 노 다웃 멤버인 토니 카날. 그녀는 도저히 전 남친의 반주에 맞추어 러 브송을 부를 자신이 없었다.

〈Don't Speak〉의 화자는 애원한다. 당신의 마음이 이미 식은 걸 알지만, 그래도 굳이 말로 표현하진 말아 달라고.

왜일까? 어쩌면 그 사람이 가장 신뢰했던 사랑의 표현 수단이 말(words)이었기 때문이 아닐까? 늘 말로써 사랑을 확인해왔는데, 말로써 사랑이 끝났음을 통보받으면 정말 모든 게 끝이라는 게 실 감 날 것 같으니까 말이다.

사랑한다고 말하는 건 쉽다. 종이학 천 마리를 접는 건 어렵다. 그런데도 많은 사람이 고백을 받을 때 전자를 선호한다. 말은 알아서 감동을 떠먹여 주지만, 종이학에 감동을 받으려면 상대가 그걸 만드는 데 들인 시간과 노력을 상상해야 한다. 성가시다. 귀찮다. 게다가 종이학의 의미 또한 모호하다. 그게 사랑인지 아닌지 분명치 않다.

현대인은 간단명료한 걸 좋아한다. 그래서 말을 선호하고, 바로 이 점을 이용해 바람둥이들은 상대를 홀리는 말만 연구한다. 영어로 '사랑의 속삭임'이 'sweet-NOTHING'이란 점을 상기해 봄 직하다.

상대의 말이 만든 파동으로 고막이 간지럽혀지기만 바라면 당신은 평생 사랑을 구걸하는 신세가 되고 말 것이다. 사랑의 고백·맹세·다짐은 한바탕 마술쇼 정도로만 생각해야 한다. 마술이 속임수라는 걸 모르는 사람은 없지만, 보는 동안 즐거웠다면 그것으로 된 것이다. 끝나고도 '저게 진짜일까 속임수일까' 하며 고민할 필요는 없다.

게으른 술탄이 하렘의 여인의 무릎을 베고 그녀가 속삭이는 말에 취하듯 사랑을 귀로 찾으려 하지 말고 당신의 눈으로 직접 사랑을 확인하라. 상대의 풀장에서 벌어지는 마르코 폴로 게임(안대로 눈이 가려진 채 상대를 찾는 게임)에 응하지 말고, 두 눈을 똑바로 뜨고 보물찾기를 하라.

당신의 눈에 사랑이 보이지 않으면 그 사랑은 이미 끝난 것이다. 상대에게 아무리 달콤한 세레나데로 CPR을 해달라고 애원해 봤자 이미 죽은 사랑이 되살아날 리 만무하다. 사랑은 귀를 틀어막고 두 눈을 크게 떠야 겨우 볼 수 있는 것이다.

3

잃어버린 낮을 되찾으세요

마리안느 페이스풀 Marianne Faithfull

As Tears Go By (1964)

코로나 시국과 맞물려 자의 반 타의 반으로 회사를 그만두고 난 생처음 책 쓰기에 도전했다. 노트북 가방을 들고 동네 카페로 향하는데 문득 하늘을 올려다보았다. 실로 오랜만에 보는 파란 하늘과 흰 구름이었다.

대학생 땐 술 마시고 노느라, 회사 다닐 땐 퇴근 후 약속이다 뭐다 해서 매일 밤늦게나 귀가했다. 주말이면 하루 종일 께느른하게 퍼져 침대에서 뒹굴거리기 일쑤였다. 그렇게 내 삶에서 낮은 점차 사라져 갔다.

그날 올려다본 낮 하늘은 어릴 적 트램펄린에서 뛰놀던 친구의 얼굴 뒤로 보였던 하늘의 모습과 똑같았다. 그때 난 먼 지방에서 살았는데, 수십 년 전 수백 킬로 떨어진 곳에서 본 하늘과 똑같다는 게 마냥 신기했다.

어느 날 오후 나는 벤치에 앉아
아이들이 뛰노는 모습을 지켜보았죠
그들의 얼굴은 미소로 가득했지만
내 눈엔 눈물이 흐르죠

내 삶에 다시 아이들 노랫소리가 울려 퍼질 수 있을까요?
아무리 돈이 많다 해도 이룰 수 없는 희망이죠
지금 내 귓가에 들려오는 건
땅 위로 빗물이 떨어지는 소리뿐
나는 눈물을 흘리며 계속 아이들을 바라보았죠

롤링스톤스의 믹 재거와 키스 리처즈가 만들고 마리안느 페이스풀이 부른 노래로, 이 노래에 얽힌 일화 하나가 전해진다. 어느 날 롤링스톤스의 매니저는 재거와 리처즈를 방 안에 가둔 뒤 이렇게 말했다고 한다.

샌프란시스코에 가면 왜 머리에 꽃을 꽂을까

"띵곡 하나를 완성할 때까진 못 나올 줄 알아. 어린 아가씨가 부를 노래니까 가사는 야하지 않게 쓰도록."

이렇게 해서 탄생한 〈As Tears Go By〉는 빌보드 핫100 차트에서 좋은 성적을 거두었다. 이후 롤링스톤스 버전으로도 나와 큰 사랑을 받았다.

✳

그때 어디선가 아이들 웃음소리가 들려왔다. 아파트 단지 안 놀이터에서 나는 소리였다.

'우리 아파트에 저렇게 아이들이 많았나?'

지금 내가 사는 아파트 단지 안에는 오래전부터 유치원이 하나 있었는데 최근 폐원했다. 그다음으로 가까운 유치원도 이미 문을 닫은 지 오래다. 뉴스를 보면 지방은 물론이고 서울시 초등학교도 하나둘씩 사라지고 있다고 한다. 그런 걸 보면 아이들 수가 줄고 있는 건 엄연한 사실일 거다.

하지만 그간 내가 아이들을 자주 볼 수 없었던 건 비단 인구 감소 때문만은 아니었다. 내가 낮을 잃어버렸기 때문이었다.

지금도 낮에 밖에 나오면 예전만큼은 아니더라도 여전히 아이들 노는 모습을 볼 수 있다. 그들의 웃음소리를 들을 수 있다. 그 웃음소리는 나를 어릴 적 행복했던 순간으로 데려가 준다.

당신도 최소 일주일에 한 번, 그게 힘들면 한 달에 한 번이라도 꼭 낮에 나와 동네 주변을 산책해 보기를 권한다. 기왕이면 아이들 웃음소리를 따라가 보라. 그리고 하늘을 올려다보라. 그러면 굳이 앨범 속에서 빛바랜 사진을 꺼내 보지 않아도, 유튜브에서 옛날 음방 영상을 찾아보지 않아도 행복한 시간 여행을 할 수 있다.

4

오만과 정견正見

TLC

No Scrubs (1999)

어느 날 여사친이 짧은 치마와 (광택이 나는) 스타킹 차림으로 모임에 나왔다. 평소 선머슴 같던 그녀의 변신(사실상 변태變態에 더 가까웠다.)에 우린 아연했다. 그녀가 말했다.

"남자 친구가 좋아해서."

밖에서 편안한 차림으로 있다가도 남자 친구를 만날 시간만 되면 그녀는 집으로 달려가 헐레벌떡 옷을 갈아입었다. 심지어 가방 안에 치마와 스타킹을 챙겨 다니기도 했다. 그런 그녀를 보고 한 친구가 말했다.

"꼭 그렇게까지 해야 돼? 그 사람은 네 다리 말고는 관심이 없어?"

얼마 후 여사친은 나에게 연애 상담을 청해왔다. 요는, 남자 친구가 연애 초반과 너무 달라졌다는 것이었다. 전에는 부담스러울 정도로 자신한테만 집중하더니 요새는 데이트 내내 핸드폰으로 주식 관련 정보만 들여다본다고 했다.

물론 입 밖에 내진 않았지만 나는 이렇게 묻고 싶었다.

'너한테만 집중했다고? 네 다리가 아니고?'

이 빈대 같은 녀석은
자기가 멋있는 줄 알지
항상 있어 보이는 척 젠체하지
돈은 쥐뿔도 없으면서
이거 사고 싶다 저거 사고 싶다
칭얼대기만 해

아니, 네 번호 따윈 필요 없어
내 번호를 줄 생각도 전혀 없어
너 같은 빈대에겐
나의 1초도 쓸 수 없어

샌프란시스코에 가면 왜 머리에 꽃을 꽂을까

뉴 밀레니엄을 목전에 둔 대한민국. 당시 사람들은 디저트를 즐기려고 스타벅스보다는 샤갈의 눈 내리는 마을(90년대 유행하던 카페)을 더 많이 찾았고, 아아보다는 미니어처 우산이 꽂힌 파르페를, K팝보단 팝송을 더 선호했다.

당시 카페에서 가장 많이 흘러나오던 팝송의 주인공은 누가 뭐라 해도 브리트니 스피어스와 크리스티나 아길레라였을 것이다. 미국에선 그녀들을 숭배하는 10대 소녀들이 일제히 핑크색 크롭탑과 타탄체크 미니스커트를 입고 닉 카터(보이그룹 백스트리트 보이즈의 멤버)를 닮은 남학생들에게 추파를 던졌다.

바로 그때, 진한 스모키 화장과 11자 복근으로 무장한 '센 언니 삼총사'가 등장했다. 전작 《CrazySexyCool》을 메가 히트시켰던 TLC가 3집 앨범 《FanMail》을 들고 컴백한 것이다.

그들은 타이틀곡 〈No Scrubs〉를 통해 소녀들에게 이렇게 경고했다.

"빈대 같은 녀석들(scrubs)을 조심해."

＊

『위대한 유산』의 미스 해비셤은 자신의 재산을 가로채려 했던 빈대 같은 남자에게 결혼식 날 버림받았다. 그 후 에스텔러라는 아름다운 소녀를 입양해 오만하고 쌀쌀맞은 여성으로 키웠다. 그녀의 목적은 에스텔러를 자신의 페르소나로 이용해 남자들에게 복수하는 것이었다.

그러던 어느 날 미스 해비셤과 에스텔러 사이에 언쟁이 벌어졌다.

미스 해비셤 : 오만방자한 계집애 같으니라구.

에스텔러 : 제게 오만함을 가르친 게 누구였죠? 제가 오만하게
행동했을 때 칭찬해 준 사람은요?

미스 해비셤 : 아무리 그래도 나한테까지 오만하게 굴다니!

앞서 말한 여사친은 당장 남자 친구의 마음을 붙들어놓기 위해 그의 무리한 요구까지 모두 들어주었다. 하지만 그것은 결국 남자의 오만함만 키우는 꼴이 되었다. 그는 말 잘 듣는 여자 친구를 보면서 설령 자신이 좀 무심하더라도 그녀가 떠날 일은 없을 거라고 확신했을 것이다.

이러한 오만은 물론 그 남자의 잘못이다. 하지만 그것을 키운 건 그녀이다. 에스텔러의 무례한 태도가 미스 해비셤이 가르친 건 아니었더라도 그녀의 마음속에 증오와 복수심을 키운 건 미스 해비셤이었던 것처럼.

연애 중이라면 상대가 나를 사랑하는지 확인하려 하기 전에 나를 존중하는지부터 살펴야 한다. '존중'이란 뜻을 가진 단어 'respect'의 어원은 '자세히, 또는 꼼꼼히(re) 보다(spect)'이다. 상대를 있는 그대로 보는 것이 존중의 시작이며, 거기엔 그 어떤 외부적

　　　샌프란시스코에 가면 왜 머리에 꽃을 꽂을까

개입도 함의되어 있지 않다.

있는 그대로의 나를 인정하지 않고 자신의 입맛 따라 호시탐탐 바꾸려 드는 사람에겐 일말의 여지도 주어선 안 된다. 그를 염증으로 뒤덮인 맹장으로 여겨라. 그리고 "너 같은 놈에겐 단 1초도 쓸 수 없다"는 TLC의 일침처럼 날카로운 메스로 당장 그와의 인연을 끊어내야 한다. 그렇지 않으면 그는 앞으로도 당신 삶에 빈대처럼 기생하며 살다가 언젠가는 곪아 터질 것이다..

5

의심의 나라 대한민국

엘비스 프레슬리 Elvis Presley

Suspicious Minds (1968)

유학 가서 알게 된 어느 한국인 여학생은 홈스테이를 하는 가정의 중학생 막내딸 때문에 속앓이를 했다. 8살이나 많은 자신한테 자꾸 "Shut up"이라고 한다는 거였다.

'영어 못한다고 나를 얕잡아 보나?'

결국 그녀는 어학원 선생님에게 상담을 요청했다. 선생님은 당시 상황에 대해 이것저것 물어보더니 아마도 약간의 오해가 있었던 것 같다고 했다.

"오해요? 무슨 오해요? 분명 'shut up'이라고 했어요. 제가 아무리 영어를 못해도 그 정돈 알아듣는다구요!"

그러자 선생님이 말하길, 그때 'shut up'은 정황상 "닥쳐"가 아니라 "놀랍다!" "진짜?" "믿기지 않는다"란 의미였을 거라는 거다. 우리나라 말로 '미쳤다' 정도? 물론 그래도 여전히 예의 바른 표현은 아니지만, 8살 차이라는 의미 또한 한국인과 뉴질랜드인에겐 분명 다르니까 너무 마음 쓰지 말라며 위로했다고 한다.

우린 덫에 걸렸어
나는 당신을 정말로 사랑하기에
도저히 탈출할 수 없어

당신은 왜 모르는 거지?
내 말을 하나도 믿지 못하는 당신 때문에
내가 얼마나 상처받는지를

그렇게 매사에 의심이 많으면
사랑을 지속할 수 없어
매번 의심만 하면
우리의 꿈을 완성시킬 수 없어

1968년 싱어송라이터 마크 제임스가 발표한 원곡은 말 그대로 폭망했다. 하지만 이듬해 나온 엘비스 버전이 대박을 치면서 이 노래는 그가 빌보드 Hot 100 차트 1위를 차지한 마지막 노래가 된다.

＊

영화 『라스트 미션』의 얼(클린트 이스트우드 扮)은 백발이 성성한 백인 노인이다. 그가 운전을 하며 가고 있는데 펑크 난 차를 갓길에 세워두고 안절부절못하는 젊은 흑인 부부를 발견했다. 얼은 곧장 차에서 내려 타이어 교체하는 걸 도와주겠다고 했다. 부부는 안도의 한숨을 내쉬며 감사의 뜻을 전했다.

잠시 후. 타이어 교체 작업에 열중하던 얼이 말했다.

"아무튼 좋구만. 자네들 같은 검둥이들을 다 도와주고."

사색이 된 부부가 잠시 서로의 얼굴을 물끄러미 바라보더니 아내가 말했다.

"저… 어르신? '검둥이'요? 우린 더 이상 그 단어를 쓰지 않아요."

남편도 거들었다.

"맞습니다, 어르신. 요즘엔 '흑인 백인' 이렇게 불러요. 그냥 '자네들'이 제일 좋고요."

"그런가? 허…… 뭐 암튼, 자네는 이 타이어를 잘 붙들고나 있게."

갑분싸 위기를 젊은 부부는 잘 넘겼다. 그들은 얼이 살아온 낡아빠진 시대를 이해했다. 그리고 지금 행동으로 보여주고 있는 그의 선의에 초점을 맞추었기에 분노하지 않을 수 있었다.

'아 다르고 어 다르다'는 말은 원래 행간의 뜻을 의미한다. 예를 들면 "너 진짜 멋있다"와 "너 참 잘났다"의 차이를 한국인은 금방 알 수 있다. 하지만 이제 막 한국어를 배우는 외국인에게는 둘 다 상대를 칭찬하는 말로 들릴 것이다.

행간의 의미를 제대로 읽지 못하면 사회생활을 하는 데 여러모로 불편하다. 특히 직장 상사들 중에는 주의나 경고를 에둘러서 표현하는 경우가 많은데, 이때 눈치가 빠르지 못하면 개고생한다. 연애에서도 마찬가지다. 특히 여성들은 거절의 뜻을 행간에 심어두는 경우가 많다. 그걸 제대로 포착하지 못하면 낭패를 보기 십상이다.

하지만 단순 어휘의 오용은 화자의 의도가 담긴 것이 아니다. 그것은 대부분 무지無知에 기인하며, 무지는 배움으로써 얼마든지 극복 가능하다.

예전에 한 걸그룹 멤버가 방송에서 '민주화'라는 단어를 오용한 적이 있다. 누군가가 의도적으로 단어 뜻을 훼손한 것이 온라인을 중심으로 무분별하게 퍼져 나갔다. 그걸 그녀가 멋모르고 사용했던 것이다. 여론의 매서운 질타를 받은 그녀는 눈물로써 사죄하며 자신의 무지를 인정했다. 그 후 그녀는 반성하는 의미에서 열심히 역사 공부를 해 한국사 자격증을 취득하기도 했다.

무지는 자랑이 아니다. 하지만 그 자체로 죄도 아니다. 무지는 아직 못 배운 것이며, 배움으로써 교정하면 되는 것이다. 단, 배우고 나서도 교정하지 않으면 그때부턴 죄가 될 수도 있다.

그런데 한국 사회는 무지에 지나치게 가혹한 경향이 있다. 단지 어휘 사용뿐 아니라, 사회 초년생이나 신입 사원의 서투름에 대해서도 너그럽지 못하다. 이미 배웠는데도 모르는 건 질책할 수 있다. 하지만 아직 안 배운 걸 모른다고 질책하는 건 선배의 카리스마가 아니라 그냥 짜증이다. 기분이 태도가 된 걸 '선배미'로 위장하는 것이다.

살다가 한 번쯤 오해를 산 경험이 누구나 있을 것이다. 몰라서 그랬을 뿐 정말로 그런 의도가 아니었는데, 덮어놓고 비난받거나 관계를 정리당하면 얼마나 서러운지 모두가 안다. 그런데 왜 그걸 타인에게 똑같이 전가하는가?

지금 당장 오해를 사는 게 내가 아닌 타인이라서 곤란에 처하는 것도 내가 아니니 다행이라고 생각한다면 큰 오산이다. 모두가 그런 식으로 '오해당함'을 폭탄 돌리기 하다 보면 시나브로 의심이 그 사회 전체의 기류가 된다. 무지에서 비롯된 사소한 오해에 너도나도 죽자 살자 덤비는 사회에서 우린 어떻게 마음을 열고 타인과 대화할 수 있을까?

우린 조금 더 너그러워져도 된다. 매장 여직원을 "아가씨"라고 부르는 할아버지에게, 혼혈인을 가리켜 '튀기'라고 부르는 할머니에게, '일본해(Sea of Japan)'라는 제목의 노래를 부른 등려군에게 한국을 모욕했다며 정색하고 달려들 필요는 없다. 필요하다면 바로잡아 주면 된다.

무지는 모든 사람이 공유하는 것이다. 어느 한 분야에라도 무지하지 않은 사람은 이 세상에 단 한 명도 없다. 무지가 죄가 되면 서로가 서로를 끊임없이 죄인 취급하는 '의심의 사회'에서 살 수밖에 없다.

6

먼저 나부터 변화하라

투팍 2Pac

Changes (1998)

영포티 논란으로 한바탕 시끄러웠다. 사실상 20대와 40대 사이에 벌어진 이 세대 갈등의 원인은 20대가 40대에게 느낀 '배신감'이었다.

영포티는 흔히 N세대라 불렸던 사람들이다. 그들은 X세대의 후배로, 서태지와 아이들이 입시지옥을 비판하고, H.O.T.가 기성세대의 권위주의에 맞서는 걸 보면서 자란 세대이다.

그런데 그런 그들이 30년 전 자신들이 비판했던 구태를 똑같이 답습한다며 욕을 먹기 시작했다. 〈교실 이데아〉에 열광했던 여학생들이 극성스런 대치맘이 되었고, 〈We Are The Future〉를 따라 부르던 남학생들이 '이 시대의 future'인 젠지(Z세대)를 찍어 누르는 꼰대가 되었다는 것이다.

그런데 지금 이 현상, 왠지 낯설지가 않지 않은가? 맞다. 그것은 N세대가 지금의 젠지 나이였을 때 당시 기득권층이었던 86세대를 비판했던 바로 그 '배신'이다.

군사정부의 독재에 맞서 화염병을 던졌던 그들이 고위직에 오르자 갑질을 하고, 여성의 인권 신장을 부르짖던 그들이 온갖 성 비위 사건을 저지르고, 기회의 평등을 주장했던 그들이 부동산 투기와 자녀 학업 비리 스캔들에 휘말리는 걸 보면서 당시 아직 권력의 변방으로 밀려나 있던 N세대는 그들에게 배신감을 느꼈다. 그랬던 그들이 세월이 흘러 새로운 신세대에게 배신자로 지목당한 것이다.

매일 아침 난 스스로에게 묻지
이 세상은 살 만한 가치가 있을까
아님 그냥 죽는 게 나을까

경찰이 흑인을 죽이면 영웅이 돼
주위엔 온통 인종주의자들과 증오뿐
세상이 변화될 기미는 전혀 보이질 않아
거리에서도, 중동에서도 전쟁은 계속해서 벌어져

이제 우리가 변화를 좀 만들어 보자고

먹는 방식, 사는 방식

서로를 대하는 방식에도 변화를 주자

투팍은 힙합의 아이콘이 아니라 힙합 '그 자체'이다. 타고난 음악성뿐 아니라, 게토에서 태어나 슈퍼스타덤에 올라 수감 생활을 했다가 요절로까지 이어진 파란만장한 그의 삶 전체에 힙합의 서사가 깔려 있다.

그가 충격으로 사망하기 4년 전 녹음된 이 곡은 사후 2년 만에 세상의 빛을 보았다. 그리고 공개되자마자 '역대 가장 위대한 힙합곡' 리스트에 올랐다.

＊

세대가 바뀌어도 똑같은 양상의 갈등이 계속되는 건 각 세대가 현재 자신이 속한 세대의 입장만 내세우기 때문이다.

예를 들어보자. 여기 젊은 여성이 있다. 그녀는 지하철을 탈 때마다 몰상식한 아줌마들 때문에 스트레스를 받는다. 그녀가 서 있던 앞자리가 비어서 앉으려고 하면 어디선가 아줌마가 다이빙을 해 냉큼 앉기 때문이다.

그녀는 생각한다.

'나는 절대로 저렇게 나이 먹지 말아야지.'

그리고 세월이 흘렀다. 이제 그녀도 슬슬 지하철역 계단이 부담스러워질 나이가 되었다.

열차 안에서 시린 무릎을 만지작거리고 있는데 저쪽에서 누군가가 일어나는 게 보였다. 그때, 그 앞에 서 있던 젊은 여성과 눈이 마주쳤다. 그 여성은 얼른 자리에 앉았다.

그녀는 화가 났다. 그러면서 속으로 생각했다.

'옛날에 어머니들이 왜 그렇게 지하철에서 다이빙을 했는지 이해가 된다. 아직 연골도 탱탱한 것들이 전혀 양보할 생각을 안 하니 원.'

이것은 과거에 대한 자기반성이 아니라 현재의 자기합리화다. 과거 젊었을 적엔 철저히 젊은 사람의 눈으로 세상을 보았고, 현재 나이가 들고 나선 철저하게 나이 든 사람의 눈으로 보는 것이다. 그리고 그때나 지금이나 내가 아닌 다른 사람에게만 변화를 요구하고 있다.

모든 사람이 현재 자신의 입장만 내세울 때 세상은 결코 변하지 않는다. 백인에게 차별당한 흑인이 이민자를 차별할 때 세상은 변하지 않는다. 남성에게 차별당한 여성이 동성애자를 차별할 때 세상은 변하지 않는다. 어른에게 차별당한 청소년이 어린이를 차별할 때 세상은 변하지 않는다.

변화는 언제나 '나'부터 시작해야 한다. 내가 변할 생각이 없으면서 세상이 어떻다저떻다하는 것만큼 공허한 것도 없다.

세상에서 보고 싶은 변화가 있다면

먼저 스스로 그 변화가 되어라.

- 간디

샌프란시스코에 가면 왜 머리에 꽃을 꽂을까

7

사랑은 홀로 서는 것

매리 홉킨 Mary Hopkin

Goodbye (1969)

혼자가 된 사람은 외로움이라는 부상負傷을 입고 목발을 찾아다 닌다. 타인이라는 목발을. 그리고 대부분 그것을 로맨틱한 관계에 서 찾는다. 평소 주체적으로 보이던 사람도 유독 연인 앞에서는 놀 랍도록 의존적으로 변하는 걸 자주 목격할 수 있다.

나는 알고 있다. 많은 사람이 자기가 사랑하는 사람의 다리가 부러지길 내심 바란다는 걸. 그래야 내가 그에게 필요한 사람이 될 수 있고, 그 사람 삶에 비집고 들어갈 틈이 생기니까.

(영화 『타이타닉』의)로즈가 극단적 선택을 시도하지 않았다면 잭은 계속 떠돌이 도박꾼에 삼류 화가로 살았을 것이며, 페르시아의 왕

자(게임 캐릭터)도 공주가 납치되지 않았다면 찜질방 복 입고 다니는 맨발의 더벅머리 총각에 지나지 않았을 것이다(그리고 흔히 그를 '왕자'로 착각하지만, 원래 그는 '부마'다. 공주가 이혼을 선언하면 그냥 농부 아저씨.)

상대의 다리가 부러졌을 때 내가 목발을 자처하기만 하면 그때부터 상대는 내게 의존하기 시작한다. 의존 대상이 되면 나는 상대에 대한 통제권을 획득한다. 내가 떠나면 상대는 넘어진다. 마치 목발을 빼앗긴 환자처럼. "헤어져"란 말로 살짝 겁만 줘도 상대는 패닉에 빠지고 만다.

잘 있어요 내 사랑
잘 있어요

멀리서 님이 외로운 목소리로
나에게 와달라고 노래하네요
그의 외로운 목소리를 듣게 되면
난 그의 곁으로 갈 수밖에 없죠

잘 있어요 내 사랑
잘 있어요

　　　　　　　　　　　　샌프란시스코에 가면 왜 머리에 꽃을 꽂을까

내가 어릴 땐 백화점이 지금보다 훨씬 더 성행했다. 지금처럼 대형마트가 많지 않던 시절, 특히 주말이면 백화점은 쇼핑객으로 인산인해를 이루었다. 지하 4, 5층까지 줄지어 늘어선 차량들이 페도라를 쓴 누나들의 안내를 받으며 주차 공간을 찾느라 난리도 아니었다.

대부분의 백화점은 저녁 9시경 문을 닫았다. 8시 40분부터 스피커에선 "굿바이~ 굿바이~"라는 노래가 흘러나왔다. 그러면 여기저기서 고성이 오갔다.

"여보, 빨리 좀 사!"

"자기야, 그게 젤 예쁘다니깐!"

"아니 왜 벌써부터 나가라고 난리래."

그때 사람들을 재촉하던 그 노래가 바로 매리 홉킨의 〈Goodbye〉다.

동그랗고 귀여운 얼굴의 웨일스 가수 홉킨은 영국 슈퍼모델 트위기의 추천으로 애플 음반사와 계약했다. 애플은 비틀즈가 설립한 회사인데, 아이폰의 애플과는 관련이 없다(물론 나중에 필연적으로 상표권 분쟁이 일어났다.).

폴 매카트니가 쓴 〈Goodbye〉의 가사 내용은 단순하다. 지금의 연인에게 작별을 고하고 멀리서 자신을 애타게 찾는 사람 곁으로 떠나겠다는 거다. 일견 환승연애 이야기 같지만, 멀리서 나를 부르는 목소리를 주인공의 자아로 해석할 여지는 없을까? 지금껏 연인에게 양도했던 자아를 이제는 그것의 참주인인 내가 되찾겠다는 의지의 목소리로서 말이다.

*

영화 『흔적 없는 삶』의 주인공 윌은 참전 용사이자 사춘기 딸 톰을 혼자 키우는 싱글 대디이다. 그는 전쟁 트라우마에 시달리고 있다. 그에게 세상은 여전히 전쟁터다. 아무도 믿을 수 없고 딸을 지킬 수 있는 건 오직 자신뿐이라고 생각한다.

그래서 그는 톰을 데리고 국립공원 숲에 들어가 산다. 물론 불법이다. 톰은 어릴 적부터 늘 그렇게 살았기 때문에 특별히 불만은 없다. 아버지만 옆에 있으면 모든 게 괜찮았다.

그러던 어느 날 공원 경비에게 적발된 부녀는 사회복지 기관으로 인도된다. 그들은 지정된 임대주택에서 살아야 했다. 톰은 의무적으로 학교에 다녀야 했다.

윌은 불안해졌다. 그에게 바깥세상은 곧 위험을 뜻했기 때문이다. 반면 톰은 새로운 삶이 그리 나쁘지 않았다. 이웃에 사는 또래 소년과도 친구가 되었다.

소년은 항상 나무로 무언가를 열심히 만들었다. 톰이 뭐냐고 묻자, 소년은 나중에 자기가 독립해서 살 집이라고 말한다. 순간 톰은 깨달았다. 이제껏 자신은 아버지라는 목발을 짚고 살아왔다는 걸.

자신의 두 다리는 멀쩡한데도 말이다.

사랑은 목발이 아닌 구름판이 되어야 한다. 목발이 상대를 전적으로 의지하게 한다면, 구름판은 도약의 순간에만 잠깐 도움을 줄 뿐이다. 목발은 상대가 자기 쪽으로 기대길 바라지만, 구름판은 자기 위로 넘어가도록 허용한다. 목발은 "나 없으니까 힘들지?"라고 말하지만, 구름판은 "잘 가(Good bye)"라고 인사한다.

우리의 사랑도 이래야 한다. 어쩌다가 타인과 사랑에 빠져도, 그래도 상대가 자신만의 길을 갈 수 있도록 허용해야 한다. 그가 위기에 처했을 땐 손을 잡아주어야 한다. 그러다가 고비를 넘기면 다시 그 손을 놓아야 한다. 그리고 인사해야 한다. "굿 바이"라고.

어떤 사람은 이웃을 만나 자기 자신을 찾고, 어떤 사람은 이웃을 만나 자신을 잃는다. 당신은 자신에 대한 잘못된 사랑으로 고독을 감옥으로 만들고 있다.

- 니체의 『차라투스트라는 이렇게 말했다』 중에서

8

가끔은 일부러 비를 맞는 것도 좋다

호세 펠리시아노 José Feliciano

Rain (1969)

우린 여러 가지 이유로 기분이 나빠진다. 나쁜 날씨도 그중 하나다. 그리고 비 오는 날은 사람들이 말하는 대표적인 나쁜 날씨다. 하지만 내가 어릴 땐 그게 결코 나쁜 날씨가 아니었다.

한때 온라인 영상 하나가 화제가 된 적이 있다. 90년대 기록적 호우가 발생했을 당시 가슴까지 차오르는 빗물을 헤치고 출근하는 사람들의 모습이었다. 커다란 스티로폼 쓰레기를 뗏목 삼아 타는 사람도 있었다.

지금의 젊은 세대가 그 영상을 보고 놀란 건 비단 그 엄청난 강우량 때문만은 아니었다. 영상 속 사람들이 하나같이 웃고 있었기

샌프란시스코에 가면 왜 머리에 꽃을 꽂을까

때문이다. 표정만 보면 마치 워터파크에 놀러 온 사람들 같았다.

비 오는 소릴 들어봐요
그게 어떻게 쏟아지는지
빗물 한 방울 한 방울이 모이면서
당신을 향한 내 사랑도 함께 커지죠

이 비가 밤새 내리고 나면
내 사랑은 비로소 완성되겠죠
우리가 함께 있을 수만 있다면
날씨야 어떻든 무슨 상관이겠어요?

푸에르토리코 출신 가수 호세 펠리시아노의 자작곡으로, 한국인들이 '비 오는 날 가장 생각나는 팝송'으로 꼽는 노래이기도 하다. 참고로 펠리시아노는 크리스마스 캐럴 〈펠리스 나비다드Feliz Navidad〉의 원작자이기도 하다.

선천성 녹내장 때문에 어릴 적부터 앞을 보지 못한 그는 청각이 가장 예민한 감각으로 자라났다. 누군가에겐 평범하기 그지없는 빗방울 소리도 펠리시아노에겐 '사랑이 완성되어 가는 소리'로 들

렸나 보다.

✳

21세기를 살아가는 우린 옛날보다 훨씬 더 비를 싫어하게 된 것 같다. 비가 오면 한 손으로 우산을 들어야 하기에 스타벅스를 마시며 핸드폰을 보는 게 불가능해진다. 물에 취약한 명품 가방이나 신발도 신경 쓰인다. 얼굴에 잔뜩 바른 비비크림이나 선크림, 머리에 뿌린 스프레이도 문제다.

자연은 만물의 고향이자 우리가 죽으면 돌아갈 곳이기도 하다. 그것과 단절되어 살아갈수록 우리의 정서는 메마르고 불안해진다. 건강도 나빠진다. 〈나는 자연인이다〉 같은 프로를 보면 큰 병을 앓았다가 산에 들어온 뒤로 건강이 눈에 띄게 좋아졌다는 사람이 많다. 자연만큼 인간과 궁합이 좋은 것도 없다.

일상에 아주 작은 틈을 내어서라도 자연과 최대한 접촉해 보라. 가끔 보슬비나 포슬눈을 일부러 맞는 것도 좋은 방법이다. 비를 '맞는' 게 아니라 비를 '맞이하면' 어느 순간 자연의 품에 포옥 안기는 기분이 들 것이다.

인간은 태어나는 순간부터 무의식적으로 어머니의 자궁을 그리워한다. 자연은 제2의 자궁이다. 아니, 어쩌면 그것이 제1의 자궁일지도 모른다. 결국 어머니란 존재도 자연으로부터 왔기에.

워터밤이나 흠뻑쇼를 즐기는 것도 좋지만, 가끔은 비라는 정서

샌프란시스코에 가면 왜 머리에 꽃을 꽂을까

적 양수羊水에 흠뻑 젖어 보라. '젖음'은 엄마 배 속에 있었던 10개월간 우리의 가장 자연스런 상태였다. 어쩌면 그 느낌을 당신도 그리워하고 있었는지도 모른다.

"올해는 줄곧 비만 내리네. 밖에서 뛰놀 수도 없고… 요즘 애들은 참 안됐어. 전에는 봄도 여름도 참 멋진 계절이었는데."

– 애니메이션 『날씨의 아이』 중에서

9

사람보다 개가 더 좋은 이유

더 저즈 The Judds

Grandpa(Tell Me 'Bout the Good Old Days) (1986)

쇼펜하우어는 생전 이런 말을 한 적이 있다.

"나는 여자보다 개가 좋다."

최근 20개국을 대상으로 한 국제 연구 결과에 따르면, 반려동물 주인의 약 60%는 스트레스가 쌓였을 때 사람보다 반려동물과 함께 시간을 보낸다고 한다. 전문가들은 반려동물이 사람처럼 함부로 판단하지도, 충고질을 하지도 않는 데서 그 이유를 찾았다.

쇼펜하우어는 평생 미혼이었다. 말년에 흰색 푸들 한 마리를 키웠을 뿐이다. 그는 지독한 외모 콤플렉스에 시달렸다. 자신의 외모를 갖고 놀리는 사람들에게 엄청난 상처를 받았다고 한다. 그게 여성일 경우엔 타격감이 훨씬 더 컸으리라. 어쩌면 그에게 붙은 여혐 딱지도 거기서 기인했는지도 모른다.

할아버지
그때 그 시절 이야기를 들려주세요
옳고 그름이 지금보다 명확했던
그 시절 이야기를요

그땐 연인들이 정말로
서로의 곁을 지켜주었나요?
그땐 정말 사람들이 약속이란 걸 지켰나요?
지금처럼 말뿐인 약속이 아니라?
가족들은 밥상 앞에서 진심 어린 기도를 했나요?
아버지들은 정말로 가정을 버리지 않았나요?

할아버지, 들려주세요
그때 그 시절 이야기를요

더 저즈The Judds는 '어머니' 나오미 저드와 '딸' 와이노나 저드

로 구성된 모녀 컨트리 듀오이다. 그들은 2집 수록곡 〈Grandpa〉
로 두 개의 그래미를 수상했다.

2022년 사망한 나오미는 생전 인터뷰에서 "나는 페이스북보다
페이스-투-페이스(직접 사람을 만나는 것)를 선호한다"라고 말했다. 그
런 그녀가 남편과 두 딸을 남기고 스스로 머리에 총을 쏴 세상을
떠났다는 사실은 가히 충격적이다. 그녀의 극단적 선택을 말리기엔
세상이 충분히 따뜻하지 못했던 게 아닐까?

✳

얼마 전 한 유명 '소통 전문가'가 TV에 출연해 이른바 토크포비
아(대화 공포증) 시대에 타인과 어떻게 대화해야 하는지 강연을 한 적
이 있다. 그런데 해당 영상에 달린 댓글 반응이 의외였다. '저분은
직장 생활 안 해본 듯' '저분 주변에 좋은 사람들만 있나 보네' '현
실성 제로' 같은 회의적 반응이 적지 않았다. 오늘날 실제로 많은
사람들은 진심 어린 대화를 애초부터 포기하는 경우가 적지 않다.

토크포비아는 이미 글로벌 현상이 되었지만, 유독 우리나라 사
람들이 대화를 힘들어하는 이유에는 한국 특유의 위계질서도 한
몫할 것이다. 한국인들은 대부분 어릴 적부터 부모님, 형님, 누님,
선생님, 선배님에 대해 항상 을로서 자라온다. 늘 갑에게 '토 달지
말 것'을 강요당하고, 수평적 대화는 사실상 불가능하다. "네 알겠
습니다"는 대답의 모범 답안이 되어버렸고, 질문과 반문에는 무례

와 오만이라는 비난이 따라온다.

이러한 비대칭 권력관계에서 만년 열등 입장에 놓이는 시간이 길어지다 보면 대인관계에 있어 번 아웃이 찾아온다. 한마디로 비위 맞추는 데에 신물이 난다. 심지어 친구 사이에도 재력과 직업, 때로는 외모만으로도 갑과 을이 형성된다.

그러다 보니 사람들은 타인을 만나는 것 자체에 거부감을 갖게 되었고, 상처받느니 차라리 집에서 혼자 노는 게 백번 낫다는 사람들이 점점 많아지고 있다.

그런데 재밌는 건, 그들이 혼자 놀 때도 끊임없이 타인과의 소통을 갈망한다는 것이다. 온라인 게임을 하든, 블로그에 글을 쓰든, SNS에 사진을 올리든, 유튜브에 영상을 올리든 거기엔 여전히 타인의 반응에 대한 기대가 존속한다. 사람들은 타인을 싫어하는 게 아니다. 그들에게 사랑받지 못하는 게 두려운 것이다.

공공연히 여성 혐오를 드러내던 쇼펜하우어도 열렬히 짝사랑하던 여자가 있었고, 이탈리아 여행 중에는 한 여성과 『비포 선라이즈(여행 중 사랑에 빠진 남녀를 그린 영화)』를 찍은 적도 있으며, 성매매 업소를 들락거리기도 했다. 어쩌면 그의 여성을 향한 비난이야말로 그들에 대한 애착의 반증일지도 모른다. 『이솝 우화』에서 너무 높이 달려있어 따 먹지 못하는 포도를 '신 포도'라고 비난한 여우처럼 말이다.

여자보단 개가 좋다는 쇼펜하우어, 사람보단 차라리 반려동물과 시간을 보내겠다는 사람들, 팬들과 가족을 두고 스스로 생을 마감한 나오미 저드…… 사실 그들은 누구보다도 사람의 품을 그리워했던 게 아닐까. 그 열망이 강렬했던 만큼 그것의 부재가 주는 고통을 감당하기 힘들었는지도 모른다.

샌프란시스코에 가면 왜 머리에 꽃을 꽂을까

10

할아버지의 술

첨바왐바 Chumbawamba

Tubthumping (1997)

돌아가신 할아버지는 생전 알아주는 애주가였다. 하지만 술고래나 고주망태와는 거리가 멀었다. 항상 집에서 술을 드셨고, 특히 주말에는 자식들과 손주들을 초대해 반주로 드시는 걸 좋아했다.

엄격한 훈장님 같은 할아버지한테서 미소를 발견하는 건 쉬운 일이 아니었다. 하지만 손주들이 따라주는 술을 한 잔 두 잔 마시다 보면 어느새 할아버지의 껄껄 웃음소리가 온 동네에 울려 퍼졌다.

할아버지는 80이 넘은 연세에도 직장에 나가셨는데, 매일 가파른 아파트 단지 비탈길을 직접 두 발로 오르내렸다. 그 에너지의 비결이 바로 한 잔의 술에 있지 않았나 싶다. 피로에 지친 몸을 치유

하는 회복의 술 말이다.

회복의 술은 좋은 술이다. 왜냐하면 쓰러진 자를 일으키기 때문이다. 반면 멀쩡한 사람도 쓰러뜨리는 건 나쁜 술이다.

한국에는 유독 나쁜 술을 마시는 사람들이 많은 것 같다. 그들은 여기저기서 픽픽 쓰러지고 아무 데서나 잠들고 정신을 놓기 일쑤다.

그들은 날 쓰러뜨렸어
하지만 난 다시 일어서지
완전히 날 쓰러뜨릴 순 없을 거야

밤새 술이나 마시자
맘껏 퍼마시자고
저 녀석은 위스키를, 저자는 보드카를
저 친구는 라거 맥주를, 저 녀석은 사과주를 마시네
그들은 좋았던 때를 회상하며 노래한다네
지금보다 좋았던 그 시절의 노래를

1970년대 펑크 록의 탄생과 함께 영국에서 번성한 아나키즘 사상은 1980년대 리즈Leeds 지역을 중심으로 한 아나코 펑크의 유행으로 이어졌다. 그리고 그 중심에 첨바왐바가 있었다.

그들의 최대 히트곡 〈Tubthumping〉은 일견 "적셔!"를 외치는 권주가勸酒歌 같지만, 여기서 말하는 술은 쾌락과 무절제의 술이 아니다. 노조 탄압과 무자비한 해고를 당한 노동자들의 설움을 달래주는 술이다. 그리고 국민의 복지와 화합에는 무관심하고 그들끼리의 제로섬 게임만 조장하는 파괴적 정부에 맞서는 의기투합의 술이다.

그러므로 〈Tubthumping〉의 술은 좋은 술이다. 사람을 쓰러뜨리는 술이 아니라, 다시 일으키는 술이기 때문이다.

＊

묵자는 시대에 드문 현인이었으나 음악을 비난하는 오류를 범했다. 당시 풍류에 빠졌다가 나라를 말아먹은 자들이 한둘이 아니었기 때문이다. 그는 이렇게 경고했다.

"음악에는 사람을 취하게 만드는 특성이 있다."

그러나 사람에게는 자신을 취하게 만드는 걸 경계하고 거리를 둘 줄 아는 능력도 함께 있다. 그 능력을 게을리 쓰고 애꿎은 음악만 비난하는 건 비겁한 책임 전가다.

우리는 관우의 술을 마셔야 한다. 화웅과의 결투를 앞둔 관우에게 파이팅하라고 뜨거운 술이 권해졌지만, 그는 "적장의 목을 베어

온 다음 마시겠다"고 한 뒤 정말로 이기고 돌아와 마셨다. 그것은 적당한 때와 장소를 아는 술, 이른바 절제의 술, 생전 우리 할아버지가 드시던 '좋은 술'이었다.

11

언젠가는 언젠가 후회로 남는다

에릭 클랩튼 Eric Clapton

Let It Grow (1974)

우린 막연하게 나한테 주어진 시간이 많다고 확신한다. 당연히 나는 평균 수명 이상을 살 것이라고 믿는다. 그리고 나와 가까운 사람들도 그럴 거라고 믿는다. 하지만 신은 솔로몬왕이 아니다. 모두에게 시간을 공평하게 잘라 주지 않는다.

빠르게 걷던 사람은 느리게 갔으면 맞지 않았을 돌에 맞아 죽는다. 느리게 가던 사람은 빠르게 갔으면 맞지 않았을 돌에 맞아 죽는다. 교통사고 피해자는 집에 있었으면 화를 면했을 것이고, 화재 피해자는 밖에 있었으면 살았을 것이다. 영아든 100살 노인이든 "내게 남은 시간이 많다"고 확신할 수 있는 사람은 이 세상에 아무도 없다.

교차로에 서서 표지판을 보고 있었죠
그리고 어디로 가야 할지 고민했죠
나의 결론은 늘 같았습니다
내 안에 사랑을 심고 가꿔야 한다고

당신에게 남은 시간은 계속 줄고 있어도
할 일은 태산 같기만 하죠
필요한 게 있다면 신에게 요청하세요
나머진 당신에게 달렸죠
당신은 사랑을 심고 가꾸는 데에만 집중하세요

에릭 클랩튼의 삶은 최악으로 치닫고 있었다. 마약과 알코올 중독, 이혼까지 그의 삶은 모든 부분에서 무너져 내렸다.

그는 다시 행복해지고 싶었다. 하지만 이 세상에 행복로路로 안내하는 표지판 같은 건 존재하지 않는다. 이제 그는 인생의 교차로 앞에 섰다. 어느 길을 선택해야 할까?

에릭 클랩튼은 정답을 찾았다. 그것은 사랑을 심고 가꾸는 것이었다. 그것만이 결과에 상관없이 "나는 후회 없는 삶을 살았다"라고 말할 수 있는 유일한 길이었다.

＊

전前 문화부 장관 이어령에겐 이민아라는 딸이 있었다. 아버지를 닮아 어릴 적부터 명석하여 명문 여대를 3년 만에 조기 졸업했다. 그런 그녀가 위암 투병 끝에 53세로 생을 마감했다. 이어령은 딸이 죽고 강산이 바뀌는 걸 한 번 더 보고 난 뒤 세상을 떠났다.

그는 딸이 아팠던 때를 떠올리며 다음과 같은 시를 남겼다.

아무것도 해줄 수 없다
네가 혼자 긴 겨울밤을 그리도 아파하는데
나는 코를 골며 잤나보다

(…) 미안하다 정말 미안하다
내가 살아서 혼자 밥을 먹고 있는 것이
미안하다 민아야

너무 미안하다

-이어령의 「살아있는 게 정말 미안하다」 중에서

그의 회한은 단지 딸의 투병 기간에만 국한된 게 아니었다. 그녀가 어릴 때부터 이어령은 늘 바쁜 아빠였다. 평생 눈코 뜰 새 없이 바쁘게 일하면서도 딸에게 "내가 열심히 사는 이유는 바로 너야"라는 말을 해주지 못했다. 작가이기도 했던 그는 밤새워 글을 쓰면서도 딸에게 '사랑해'라는 메모 한 장은 써주지 못했다.

어린 이민아가 원했던 건 바쁜 아빠보단 다정한 아빠였다. 물론 그녀의 이런 불만이 다른 아이들에겐 배부른 금수저의 투정처럼 비쳤을지도 모른다. 그럼에도 이민아는 말한다.

"아이들은 부모의 사랑 방식을 이해하기엔 너무 어려요. 아주 사소한 어긋남에서 부모와의 단절이 시작되죠."

사소한 어긋남, 그것이 이어령의 회한이었다.

"언제 밥 한번 먹자!"

저기서 '언제'란 결코 오지 않는다. '날 좀 따뜻해지면', '바쁜 거 좀 지나면', '해(year)가기 전에'도 마찬가지다. 그날들은 속절없이 지나가지만, 모든 사람이 그날을 기다려주는 건 아니다. 나도, 내가 사랑하는 사람들도.

내게 남은 시간이 얼마인지는 알 수 없다. 그럼 이제 더 이상 미루지 말아야 할 일은 무엇일까? 지금 당장 무엇을 해야 내 삶의 '사소한 어긋남'들을 조율하고 삶의 막바지에서 "나는 후회 없는 삶을 살았다"라고 말할 수 있을까? 어쩌면 영화 『러브 액츄얼리』의 대사에 그 답이 있는지 모른다.

"비행기가 쌍둥이 빌딩에 충돌했을 때 당시 승객들로부터 걸려
온 수백 통의 전화에는 그 어떤 증오나 복수의 메시지도 없었다.
하나같이 사랑의 메시지였다."

12

가장 위험한 정신병, 나의 상실

에미넴 Eminem

The Real Slim Shady (2000)

러시아 제국의 황후 예카테리나 2세(이하 예카테리나)는 남편 표트르 3세가 군주의 자격이 없음을 깨닫고 정변을 일으켜 스스로 황제가 되었다(섭정이 아니다. 쿠데타다!).

여제에겐 귀족 출신의 남친이 있었다. 이름은 알렉산드로비치 포템킨. 예카테리나는 크림반도를 러시아 제국에 편입시킨 남친의 공로를 치하해 그 지역의 통치를 맡겼다.

어느 날 황제는 동맹국 대사들을 러시아로 초청한 뒤 크림반도를 함께 순방하기로 했다. 전에는 오스만 제국에 속했던 곳이 러시아 치하에서 얼마나 발전되었는지 보여주기 위함이었다.

포템킨 발등에 불이 떨어졌다. 아무리 봐도 현재 크림반도의 개발 상태가 야심가 여친을 만족시킬 만한 수준이 아니었기 때문이다. 그러던 중 그는 중요한 정보를 입수한다. 이번 황제의 순방이 그저 배를 타고 지나치는 수준에 그칠 거라는 것이었다.

곧장 그는 강가에 가짜 마을을 짓기 시작했다. 여기서 가짜 마을이라 함은, 건물의 전면前面만 만들어 세운 '2D 마을'을 뜻한다. 말하자면, 가끔 예능 프로에서 연예인 등신대를 세워 놓고 마치 그 사람을 실제로 초대한 것처럼 상황극을 꾸미는 것과 비슷하다고 할 수 있다. 그 후로 '포템킨 마을(Potemkin Village)'은 겉만 그럴듯하게 꾸며 놓은 짝퉁이란 뜻으로 쓰이고 있다.

어쩌면 우리도 포템킨 마을에 살고 있는지 모른다. 타인의 기대에 부응하거나 그들에게 잘 보이기 위해 억지로 꾸민 나라는 가짜 마을 말이다.

세상엔 나랑 비슷한 사람이 참 많아
나처럼 욕 잘하는 사람도 많고
나처럼 시니컬한 사람도 많지
나와 패션 센스가 비슷한 사람도 많고
내 걸음걸이와 말투가 비슷한 사람도 많아

그래 그들도 나름 멋있어
하지만 나한텐 상대도 안 되지
왜냐면 나는 '슬림셰이디'니까
그래 내가 진짜 슬림셰이디야
너희들은 싹 다 전부 가짜야
진짜 슬림셰이디 씨만 나와 주실래요?

에미넴은 '슬림셰이디'라는 가상의 캐릭터를 만들어서 자신의 페르소나로 사용했다. 그는 슬림셰이디를 영화 『싸이코』의 노먼 베이츠나 『13일의 금요일』의 제이슨 같은 반사회적 인물로 설정했다. 그 이유에 대해 그는 다음과 같이 설명한다.

"저는 아티스트이고 한 아이의 아빠입니다. 하지만 한편으론 내면에 주체할 수 없는 분노와 뒤틀린 욕망을 숨기고 있죠. 슬림셰이디는 그 어두운 내면의 결정체이며 그 또한 나의 일부입니다."

*

어두워서 싫다고 밤을 부정하면 계속 낮이 될까? 기울던 해가 다시 떠오르나? 그럴 리 없다. 세상에는 엄연히 낮과 밤이 공존한다. 마찬가지로, 인간도 밝음과 어둠이라는 이항 대립二項 對立의 혼합체이다. 그것을 무시하고 밝은 모습만 취하려는 건 내 반쪽을 부정하는 행위다.

올바른 정신으로 이 세상을 살려면 나의 어두운 내면과도 마주할 수 있어야 한다. 처음엔 그것이 지나치게 어두워 보일 수도 있다. 하지만 계속 보다 보면 생각보다 훨씬 더 엷게(slim) 그늘져(shady) 있다는 걸 알게 된다. 그간 너무 오랫동안 그것을 어두운 곳에 방치해 오다가 오랜만에 밝은 곳에서 보려고 하니 일종의 명순응(light adaptation) 현상이 벌어진 것이다.

무언가를 본다는 건 그것에 반사되는 빛을 본다는 의미이다. 그러므로 어둠을 보는 것 자체가 그 어둠에 내재된 빛을 발견하는 행위인 것이다.

그간 외면해 온 나의 반쪽과 허심탄회하게 대면해 보자. 그러기 위해선 우선 나의 반쪽이 갇혀 있는 지하실로 내려가야 한다. 내 발로 직접. 다른 누구도 대신해 줄 수 없다. 그 반쪽 또한 나다. 그것을 부정하면 우린 평생 포템킨 마을의 주민으로 살아야 한다.

아무리 데이트가 짜릿해도 그것이 '진짜 나'를 찾는 경험만큼 환상적일 수는 없다.

– 벨 훅스

13

한 번 더 오늘을 살 수 있다면

카펜터스 Carpenters

Yesterday Once More (1973)

나와는 10살 가까이 차이 나는 동생과 길을 걷고 있는데 어디선가 익숙한 노래가 흘러나왔다. god의 〈하늘색 풍선〉이었다.

3040 세대를 위한 실내포차에서 나온 소리였다. 가게 유리 안으로 흥에 넘친 사람들이 보였다. 자리에 앉은 채로 노래를 따라 부르며 신나게 몸을 흔드는 사람도 있었다. 덩달아 나도 속으로 장단을 맞추었다. 그때 옆에 있던 동생이 말했다.

"어르신들 아주 신났네. 아직도 이팔청춘인 줄 아나 봐."

순간 뜨끔했다. 내가 어릴 땐 할머니 할아버지가 〈가요무대〉를 틀어놓으면 '대체 저런 촌스런 음악이 뭐가 좋다는 거지?'라고 생각했는데, 어쩌면 그날 동생도 포차에서 놀고 있던 내 친구들(?)을 보면서 비슷한 생각을 했는지도 모르겠다.

어릴 적 라디오를 틀어놓고
내가 좋아하는 노래가 나오기만을
하염없이 기다렸죠
그러다가 그 노래가 나오면 난 미소 짓고
흥겹게 따라 불렀죠

그땐 왜 그렇게 행복했을까요
그리 오래된 일도 아닌데
지금 그 행복은 전부 어디로 사라진 걸까요
하지만 지금 그 노래를 다시 들으면
그때 느꼈던 행복을 다시 느낄 수 있답니다
마치 고향 친구를 오랜만에 만난 것처럼

발매 당시 미국뿐 아니라 영국, 벨기에, 노르웨이 등 수많은 유럽 국가들과 한국, 일본에서까지 큰 사랑을 받은 곡이다. 게다가 반세기가 지난 지금까지도 수많은 아티스트들이 커버 버전을 발표

하고 있다. 아마도 이 곡의 전반에 깔린 노스탤지어 감성이 동서고금을 초월하는 테마여서가 아닐까.

✳

오늘날 우린 역사상 그 어느 때보다도 정치·경제·문화·의학·과학적 호사를 누리면서 산다. 그런데도 늘 과거를 그리워한다. 영어에도 'good old days(좋았던 옛 시절)'란 표현은 있어도 'good new days'는 없다.

KBS 〈인간극장〉에서 한 번은 지리산에서 혼자 사는 할머니의 삶을 조명한 적이 있다. 냇가에서 우렁이를 잡던 할머니가 말했다.

"내가 어릴 땐 여자애들끼리 목욕하고 있으면 남자애들이 와서 옷을 죄다 훔쳐 가 버렸어."

순간 흠칫했다. 그것은 명백한 범죄 행위였다. 절도는 물론 요즘 같으면 성범죄까지도 적용할 수 있는 일이었다. 하지만 할머닌 말을 이었다.

"에이그, 그때가 참 좋았는데."

이젠 그마저도 그리운 추억이 되었나 보다. 할머니라고 해서 당시 왜 수치스럽지 않았겠는가. 그땐 할머니도 어리고 수줍은 소녀였을 텐데. 하지만 두 번 다시 돌아갈 수 없는 젊은 시절의 단편斷片이기에 이제 와 생각해 보니 모든 게 애틋했던 게 아닐까.

누군가에겐 '그 시절 우리가 좋아했던 소녀'가 올리비아 핫세일 수도 있고 아이유일 수도 있다. 내 인생 최고의 만화가 『고바우 영감』일 수도, 『드래곤볼』 또는 『하이큐!!』일 수도 있다.

나의 그것이 남의 것보다 늙고 낡았을 수도 있다. 하지만 누가 뭐래도 내겐 그것이 최고다. 그때 그 시절 그때 그 사람과 함께 한 그때 그것이기에.

모든 어른은 한때 어린아이였지만 그걸 기억하는 사람은 많지 않아.

- 생텍쥐페리의 『어린 왕자』 중에서

14

좋은 어른이었던 적이 있는가

마이클 잭슨 Michael Jackson

Heal the World (1991)

어릴 적 읽은 『아낌없이 주는 나무』에서 가장 기억에 남는 장면은 아이가 나무 그늘 아래서 쉬는 장면이었다. 나무가 아이에게 그늘을 제공할 수 있었던 건 아이보다 몸집이 더 컸기 때문이다. 그리고 또 하나, 나무가 햇빛에 대한 방어력을 이미 갖추고 있었기 때문이다. 처음엔 나무도 따사로운 햇볕이 부담스러웠을 것이다. 하지만 나이테가 하나둘 늘어나면서 광합성의 지혜를 갖추게 되었다.

물론 아이도 언젠가는 스스로 터득해야 할 것이다. 햇빛을 견뎌내고 그걸 자양분으로 삼을 수 있는 능력을. 하지만 아직은 어리고 경험이 부족하기에 신체적으로도 강하고 삶의 노하우를 지닌 어른

샌프란시스코에 가면 왜 머리에 꽃을 꽃을까

의 보호가 필요하다. 그것은 과잉보호가 아니라 아이로서 응당 받아야 할 권리이다.

당신 가슴 속에는 빈 공간이 있어요
그걸 채울 수 있는 건 오직 사랑뿐이죠
사랑으로 채워지면
그것은 훨씬 더 아름다운 장소가 되고
이제 더 이상 우린 눈물을 흘릴 필요가 없죠
그곳엔 아픔이나 슬픔 같은 게 끼어들 틈이 없어요

거기로 갈 수 있는 방법을 알려줄까요?
조금만 더 주변에 관심을 기울여 봐요
당신 가슴속에 타인을 위한 작은 공간을 마련하면
이 세상은 훨씬 더 좋아질 거예요

＊

격정의 시대에 10살 간격으로 태어난 세 여인 혜경궁 홍씨(1735)와 정순왕후(1745), 마리 앙투아네트(1755). 그들은 모두 자신을 보호해야 할 책임이 있는 어른들에게 희생당했다.

혜경궁 홍씨의 아버지는 최말단 관리였고, 정순왕후의 아버지는 낙방落榜이 취미였다. 하지만 그들은 딸들이 입궁하자마자 초고속 출세 가도를 달렸다. 그 대가로서 딸들은 정신병자 남편(사도 세자)에게 학대당하고, 자신보다 51살이나 많은 남편(영조)을 맞아야 했다. 마리 앙투아네트도 국가 수장인 어머니가 어린 나이에 억지로 국제결혼을 시켰다가 향수병에 걸려 향락에 빠진 뒤 형장의 이슬로 사라졌다.

이들에 대한 역사적 평가는 다양하지만, 움직일 수 없는 사실 하나는 그들이 모두 무책임한 부모들에 의해 희생당했다는 것이다. 아무리 지금과는 시대가 다르다 해도, 정략결혼이 흔했던 시절이라도 어린아이들은 취약한 존재이고 그들이 받는 고통은 어른의 그것보다 훨씬 크다는 건 변함없는 사실이다. 오죽하면 혜경궁 홍씨가 쓴 책(『한중록』)을 가리켜 '피와 눈물의 기록(읍혈록)'이라 하겠는가.

인간이 나이를 먹으면서 몸이 커지는 건 아이들을 위한 그늘을 제공하라는 신의 뜻이다. 그들을 짓누르고 짓밟기 위함이 아니라 말이다.

아이들은 무조건 보호받아야 마땅한 존재이다. 방금 입사한 신입 사원을 일 못한다고 다그칠 게 아니라 그들의 서투름을 이해하고 보듬어줘야 하듯 인생의 초보자인 아이들도 어른들이 감싸고 이끌어줘야 한다.

하지만 지금도 아이들의 취약성을 빌미로 착취 도구와 분풀이 대상으로 이용하는 자들이 있다. 때로는 그들이 부모다. 때로는 스승이다. 때로는 그들이 나라님들이다. 그들 모두는 어른이다. 그리고 그들은 나쁜 어른이다.

우리 스스로에게 질문해 봐야 한다.

"누군가에게 난 좋은 어른이었던 적이 있는가?"

"강한 사람이라면 약한 사람을 지켜줘야 해!"

– 허영만의 만화 『망치』 중에서

15

시간을 초월한 사랑

짐 크로치 Jim Croce

Time in a Bottle (1972)

옛날 주리반타가라는 사람이 있었다. 그는 운 좋게도 부처님의 제자가 되었다. 하지만 그는 머리가 나빴다. 불법의 도리를 공부해도 한 글자를 외우면 그 전 글자를 까먹기 일쑤였다.

뜻대로 공부가 되지 않자 그는 울음을 터뜨렸다. 그때 부처님이 다가와 그에게 말했다.

"내일부턴 공부 대신 빗자루로 마당을 쓸어라."

그렇게 그는 몇 년간 마당만 쓸었다. 교리 공부를 못한다는 사실이 슬펐지만 이렇게라도 부처님 곁에 남을 수 있다는 게 행복했다.

그러던 어느 날 갑자기 그는 벼락같은 깨달음을 얻었다. 그가 다

다른 지혜의 경지가 어찌나 높은지 부처님이 그에게 자신을 대신해 제자들을 가르치라고 말할 정도였다. 아니, 책 한 줄 안 읽고 오직 마당만 쓸었는데 어떻게 그런 경지에 이를 수 있단 말인가?

그건 불법의 진리가 학습에 있지 않기 때문이었다. 학습은 과거에 공부한 걸 미래에 되뇌기 위한 수단이다. 하지만 깨달음은 '지금 이 순간'에만 존재한다. 아이러니하게도 불자가 밤낮으로 교리 공부에 매진해야 하는 이유도 아무것도 공부할 필요가 없다는 걸 깨닫기 위해서이다.

과거의 아무것도 기억할 필요 없고 미래의 아무것도 대비할 필요 없는 상태에 들어가는 것, 그거야말로 부처님이 살아생전 제자들에게 일깨워주고 싶어 하던 것이었다.

시간을 돈처럼 모을 수만 있다면
나는 1분 1초를 저축해서
영원이란 액수를 마련한 다음
당신과 나눠 쓸 거예요

누군가 내게 와서 어떤 소원이든 말하라 하면
나는 영원이란 시간을 달라고 할 거예요
그리고 그 영원 동안

하루하루를 보석처럼 모아서
당신과 나누어 쓸 거예요

하지만 현실로 돌아오면
시간은 늘 부족하죠
이제 나는 확실히 알죠
내가 가진 모든 시간을 함께 쓰고 싶은 사람은
오직 당신이란 걸

짐 크로치는 아내를 따라 개종할 만큼 그녀를 사랑했다. 늘 아내와 더 많은 시간을 함께 보내고 싶어 했지만, 그는 가난한 음악가였다. 집세를 내기 위해 무슨 일이든 해야 했고, 퀄리티 타임quality time(가족과 보내는 단란한 시간)은 그에게 사치였다. 그 시절 그의 염원을 담은 노래가 바로 〈Time in a Bottle〉이다.

짐의 간절함이 신에게 가 닿았는지 대중으로부터 반응이 오기 시작했다. TV와 라디오에서 점점 그를 찾는 연락이 많아졌다.

노래가 히트하고 부자가 되면 가족과 함께 시간을 보낼 여유도 더 많아지리라. 이러한 기대에 부풀어 있던 짐은 아들의 두 번째 생일을 고작 일주일 남기고 비행기 사고로 사망했다. 그때 그의 나이 겨우 서른이었다.

＊

시간은 모을 수 없다. 시간이란 게 원래 그렇다.

암컷 사마귀가 짝짓기 도중 수컷 사마귀를 잡아먹고 그의 자손을 잉태하는 것처럼, 시간도 매 순간 과거를 잡아먹고 미래를 잉태한다. 아까의 현재는 지금의 현재에게 이미 잡아먹히고 없다. 다시 말해 현재는 잔상, 흔적, 기껏해야 과거의 추모追慕일 뿐이다.

영원은 100년 + 1000년 + 10000년……이렇게 시간이 더해지고 더해짐으로써 이루어지는 게 아니다. 영원은 1과 2 사이에 존재한다. 그리고 2와 2.1 사이에, 2.1과 2.11 사이에 있다. 영원은 우리의 눈꺼풀이 닫혔다 열리는 사이에, 호흡이 들숨에서 날숨으로 전환되는 사이에 존재한다.

'진정한 사랑은 뭘까?'

예술의 역사만큼 오래된 이 질문에 대한 나의 답은 이렇다.

영원한 사랑만이 진정한 사랑이다. 영원한 사랑이란, 백만 년 천만 년 지속되는 사랑이 아니라, 수학적 시간관념으로부터 해방된 사랑을 뜻한다. 과거의 후회와 미래의 불안으로부터 완전히 해방되어 지금 이 순간의 사랑에 온전히 집중하여 나를 용해시킬 수 있는 그런 사랑 말이다.

그러니까 어쩌면 우리의 사랑을 더 견뢰하게 쌓기 위해선 사랑한다는 말을 더 자주 하거나 선물을 더 많이 하는 것보단 상대가 과거에 내게 저지른 잘못에 대한 분노, 미래에 나를 배신할지도 모른다는 불안을 마음속에서 쓸어내 버리는 게 더 올바른 길일지도 모른다. 주리반타가가 마당을 쓸면서 과거와 미래에 대한 집착까지 말끔히 쓸어내 버린 것처럼 말이다.

짐 크로치의 삶이 짧았다고 해서 그의 영원한 사랑에 대한 소망이 좌절되었다고 단정 지을 수는 없다. 단 1초라도 상관없다. 그의 영혼이 온전히 아내에 대한 사랑으로 가득 찬 순간이 있었다면 그는 영원한 사랑을 한 것이다.

우리가 시공간을 초월해 감지할 수 있는 건 오직 사랑뿐이야.

- 영화 『인터스텔라』 중에서

샌프란시스코에 가면 왜 머리에 꽃을 꽂을까

16

까치밥과 고수레

바네사 윌리엄스 Vanessa Williams

Colors of the Wind(애니메이션 〈포카혼타스〉 주제가) (1995)

　나는 서울에서 태어나 대부분의 삶을 서울에서 보냈지만, 운 좋게도 농촌과 어촌의 정취도 함께 간직하고 있다. 어린 시절 바닷가에서 5년 정도 살았던 경험과 지금은 돌아가신 작은 할아버지 댁에 놀러 갔던 기억 덕택이다.

　네 분의 할아버지와 한 분의 할머니가 부지런히 자식 농사를 해 이룩한 대가족의 우리 집안. 그중에서도 장손인 나를 끔찍이도 예뻐하던 작은할아버지와 할머니는 내가 시골집에 놀러 가면 "우리 감귀신 장손 왔네. 할애비가 맛있는 감 따 줘야지"하며 장대를 하나 갖고는 대문 앞에 자란 커다란 감나무 아래로 달려가셨다.

'저렇게 다 따고 나면 할머니 할아버진 뭘 드시려나' 싶을 정도로 아낌없이 따 주시는 와중에도 할아버진 꼭 나무 꼭대기에 달린 연시 몇 개는 그대로 놔두었다. 까치밥이었다.

예부터 우리 조상들은 수확기에 연시를 전부 따지 않고 까치, 직박구리, 찌르레기 등의 새들을 위해 일부를 남겨두었다. 이러한 까치밥과 비슷한 풍습으론 '고수레'가 있다. 산이나 들에서 식사를 하거나 제사를 지낼 때, 먼저 자연에게 예를 갖추기 위해 음식 일부를 바치는 의식이다.

당신은 내가 무식한 야만인이라 생각하겠죠
그래요, 당신은 많은 곳을 돌아다녀 봤겠죠

하지만 난 여전히 이해가 안 돼요
만일 못 배운 쪽이 나라면,
당신은 내가 알고 있는 것들에 대해
어쩜 그리 무지한가요

당신은 당신이 발견한 땅의
주인이 될 수 있을 거라 생각하겠죠
땅에는 생명이 없기에

언제든 당신이 차지할 수 있는 거라고 믿을 테죠

하지만 무지한 나조차도 알고 있어요
돌과 나무, 숲속에는 생명이 있고,
그리고 영혼이 있고, 이름이 있다는 것을

푸른 달 아래 늑대 울음소리를 들어본 적 있나요?
살쾡이가 웃는 이유를 궁금해해 본적은요?
산이 들려주는 노래에 화음을 맞춰본 적 있나요?
당신은 풍경화를 그릴 때 바람의 색깔을 고를 수 있나
요?

이리 와서 풍요로운 자연을 침대 삼아 뒹굴어봐요
이 땅의 값이 얼마쯤 될까 생각하지 말고요
단 한 번이라도

우리는 서로가 모두 연결돼 있죠
연결된 우린 거대한 원을 형성해
무한 고리를 이루고 있답니다

어릴 적 우리 가족은 집에서 그리 멀지 않은 경주로 자주 여행을 갔다. 덕분에 고등학교 수학여행을 경주로 갔을 때 나는 본의 아니게 경주 홍보대사 역할을 하기도 했다.

경주엔 동궁과 월지(전엔 '안압지'라 불렀다.), 첨성대, 포석정, 천마총 등등 한국 '탑 티어' 고대 유적지와 유물이 즐비하지만, 세계 유일한 인공 화강암 석굴인 석굴암은 그중에서도 단연 으뜸이라 할 수 있다.

석굴암에 가려면 토함산이라는 험준한 산을 올라야 한다. 아버지가 운전면허증을 취득한 후 첫 도로 주행 코스를 토함산으로 정하는 바람에 우리 가족은 여태껏 트라우마에 시달리고 있다.(농담이다. 하지만 당시 공포가 상당했던 건 사실이다.)

어렵게 만나서(?) 그런지 석굴암의 실물은 책에서 본 것보다도 훨씬 더 아름다웠다. 하지만 지금의 석굴암 모습은 신라 시대에 만들어진 상태 그대로가 아니다. 일제강점기 때 대대적인 강제 보수 공사가 이루어졌기 때문이다. 그래서 우린 아직까지도 건립 당시의 석굴암 모습을 정확히 알지 못한다.

오랜 '석굴암 미스터리' 중 하나가 채광이었다. 제법 깊이 파놓은 석굴에 선조들은 어떤 식으로 빛을 들였을까? 천 년 전에 LED가 있었던 것도 아닌데 말이다.

예전에 한 역사 프로그램에서 밝혀낸 비밀의 열쇠는 '반사판'이었다. 석굴암을 지키는 거대 불상인 본존불은 정확히 태양이 뜨는 방향을 바라보고 앉아 있다. 숫돌로 반질반질하게 연마한 화강암 판을 불상 앞에 놓아두고 불상 맞은편의 벽면을 조금 뚫어 햇빛이 들게 하면, 반사판에 굴절된 은은한 자연광이 본존불의 얼굴을 비춘다.

속세의 음흉한 미소가 아닌, 해탈의 순간, 온 우주와 자신이 하나 됨을 느꼈을 때 자연스럽게 흘러나온 본존불의 미소는 확실히 인공조명보단 자연광이 훨씬 더 잘 어울린다.

한편 멕시코의 치첸이트사는 고대 마야 문명의 도시였다. 그곳에는 엘 카스티요El Castillo라 불리는 피라미드가 있다. 엘 카스티요의 외벽 사면四面에는 계단이 나 있다. 그리고 북쪽 계단 발치에 커다란 뱀 머리 조각이 장식되어 있다. 왜냐하면 이 피라미드는 '깃털 달린 뱀'이란 뜻의 쿠쿨칸이라는 신에게 바쳐졌기 때문이다.

하지만 그들은 뱀의 머리만 만들었을 뿐 깃털 달린 몸을 따로 만들지는 않았다. 나머지는 자연이 '알아서' 선물했기 때문이다.

춘분과 추분 즈음 피라미드에 석양이 드리우면 정교하게 고안된 피라미드의 계단은 특유의 삼각형 그림자들을 만들어 마치 뱀 머리 조각상에서 깃털 달린 몸이 뻗어 나온 것과 같은 형상을 만들어 낸다.

비슷한 시기(서기 8세기경)에 지구 반대편에서 제작된 석굴암과

엘 카스티요. 이들은 치밀하게 고안된 인간과 자연의 콜라보 작품
이었다.

옛날 사람들은 자연과 친하게 지내는 법을 알고 있었다. 그런데
오늘날 우리는 점점 자연을 축소시키거나 멀리하고 있다. 산을 깎
아 건물과 골프장을 짓고, 아이들의 손에는 모래나 흙 대신 휴대폰
이 들려있다. 옷이 물(비)에 젖으면 "옷을 버렸다"고 말하고, 아이들
의 건강이 우려된다며 모래밭에서는 못 놀게 하면서 플라스틱 검
출 논란이 있는 컵라면은 아무렇지도 않게 먹는다.

우린 그동안 자연을 너무 오랫동안 못살게 굴었다. 이제 자연도
침묵을 깨고 이상기후를 통해 인내의 한계에 다다랐음을 나름 어
필하고 있다. 전문가들이 대책을 논의 중이지만, 매해 역대 신기록
을 경신하는 여름날 폭염과 겨울의 한파, 그리고 비정상적으로 짧
아진 봄과 가을을 보면서 옛날 환경 콘서트 타이틀이었던 '내일은
늦으리'의 '내일'은 이미 지난 게 아닌가 싶기도 하다.

여름날의 사랑은 과거 속으로 사라졌죠
한여름 크리스마스에 나는 울고 있어요
모래밭에 우리 둘의 사랑 이야기를 썼었죠
내 사랑, 당신을 잊을 수 없어요

샌프란시스코에 가면 왜 머리에 꽃을 꽂을까

등려군의 〈여름날의 크리스마스〉는 아름다운 노래지만, 뉴질랜
드나 호주가 아닌 이상 이게 현실 이야기면 보통 문제가 아니다. 얼
마 전 추석날 밤에 친척 동생과 공원에 놀러 가서 민소매 차림으로
부채질을 했던 기억이 난다. 제발 크리스마스에 부채질을 하면서
모기를 쫓는 날만큼은 오지 않았으면 좋겠다.

17

죽음에서 배우는 삶의 편안함

이글스 The Eagles

Take It Easy (1972)

최근 많은 명상가나 심리학자들이 '놓아버림'을 강조한다. 놓아
버리라는 건 결국 집착을 내려놓으라는 건데, 그 집착의 대상은 주
로 '나에 대한 타인의 평가'이다.

베스트셀러 『미움받을 용기』에선 놓아버림 대신 '과제의 분리'
라는 용어를 사용한다. 내게 무언가를 좋아하고 싫어할 자유가 있
듯이 타인도 나를 싫어할 자유가 있다는 걸 인정하자는 것이다.

전부 다 유용한 조언이다. 하지만 언제나 말은 쉽고 실천은 어려
운 법. 놓아버리기란 마음처럼 쉽지 않다. 왜 그럴까? 이건 말하자
면, 역도 선수가 우리에게 100kg짜리 바벨을 머리 위로 들어 올

리라고 말하는 것과 같다. 그가 드는 법을 설명하면 우린 머리로는 이해할 수 있다. 문제는 우리에겐 그 사람과 같은 근력이 없다는 것이다.

놓아버림도 마찬가지다. 그걸 실행하려면 엄청난 정신적 근력이 필요하고, 그러한 근력을 갖추려면 평소 꾸준히 훈련해야 한다.

자꾸 신경 쓰이는 여자가 7명 있어요
그중 넷은 나를 부려 먹으려 하고
둘은 나를 비난하기만 하고
하나만 나를 친구라고 하네요

진정하고 쉽게 생각해 봐요
일을 너무 복잡하게 만들지 마요
일단 좀 느긋하게 기다려 봐요
전부 다 이해하려고 애쓰지 말고
한숨 돌릴 수 있는 시간을 가져봐요
그냥 좀 쉽게 생각해 봐요

⟨호텔 캘리포니아⟩로 유명한 전설의 록그룹 이글스의 또 다른

대표곡이다. 가사에서 '7명의 여자'를 일주일, 즉 매일의 은유로 해석할 수도 있을 것이다. 그중 최소 여섯은 친해져봤자 별로 좋을 게 없어 보이는데, 이는 우리의 매일이 대부분 스트레스와 골칫거리로 가득하다는 뜻이 아닐까?

그럼에도 우리에겐 희망이 있다. 최소 한명은 나와 친구가 되고 싶어 하기 때문이다. 인간은 생존본능 때문에 99개의 편안한 것보다 불편한 1개에 집중하는 경향이 있다. 그것이 우리를 과도하게 불안하게 만든다.

나를 불편하게 만드는 모든 것에 일일이 관심을 주고 싸우거나 교정하려 들 필요는 없다. 때론 시선을 돌리는 것만으로도 우리의 마음은 좀 더 편안해질 수 있다. 그간 못 보고 지나친 삶의 아름다운 부분에 집중하면서.

✳

10, 9, 8, 7, 6……

이것은 죽음의 카운트다. 앞으로 내가 살 수 있는 시간이 10초밖에 남지 않은 상황을 가정해보는 나만의 '놓아버림'법이다. 왜 이런 미친 짓을 하냐고? 가족이나 연인 등 소중한 사람의 가치를 깨닫는 데에 이별만큼 좋은 게 없듯이, 삶의 가치를 깨닫는 데에도 죽음만 한 게 없기 때문이다.

　　　　　　　　　샌프란시스코에 가면 왜 머리에 꽃을 꽂을까

코로나에 걸린 영화배우 김수로에게 어느 날 죽음의 고비가 찾아왔다. 호흡과 의식이 희미해지면서 그는 '갈 때가 됐다'는 걸 본능적으로 깨달았다. 하지만 옆에 있던 가족의 응급처치 덕에 겨우 목숨을 건질 수 있었다.

그날 이후로 그의 삶은 완전히 바뀌었다. 좀 더 정확히는, 세상을 바라보는 방식이 바뀌었다. 그는 말한다.

"이제는 용서 못 할 것도 없고, 이 세상에 사랑스럽지 않은 게 하나도 없더라고요."

대체 그에겐 무슨 일이 생긴 걸까?

죽음을 목전에 두었을 때 그에겐 자신의 의지로 할 수 있는 게 아무것도 없었다. 사자 보이즈가 나타나면 그들을 따라갈 수밖에 없었다. 그는 마치 갓난아기 시절로 돌아간 것 같았다. 내 의지로 할 수 있는 일이라곤 입에 물린 젖을 힘겹게 빠는 게 전부였던 시절 말이다.

그 시절을 지나면 우리는 몸도 커지고 힘도 세진다. 이제는 나의 의지로 주변 환경에 변화를 줄 수도 있고, 다른 사람의 마음에도 영향을 끼칠 수 있게 된다. 거기서 우린 '나의 힘'을 느끼게 되고, 그 기분은 썩 괜찮다.

하지만 그와 동시에 우리 마음속에선 두려움도 함께 자라난다. 내가 세상을 변화시킬 수 없다는 무력감이 그것이다. 계획한 대로 일이 풀리지 않을 때, 타인의 설득에 실패할 때, 노력이 허사가 될

때, 진심을 오해받을 때 우린 이렇게 말한다.

"맘처럼 되는 게 하나도 없네."

이 '맘처럼'이 모든 문제의 근원이다. 우리가 살면서 느끼는 고통의 대부분은 무언가가 '맘처럼' 되지 않기 때문이다. 그런데 이때 죽음의 카운트를 세면, 맘처럼 되지 않는 현실을 고통 없이 받아들일 수 있게 된다. 거기서 실로 오랜만에 맛보는 편안함을 느낄 것이다. 갓난아기 시절 이후 거의 처음 느껴보는 편안함을.

지금껏 당신은 맹수처럼 살아왔다. 엄청난 시간과 노력을 들여발톱과 이빨을 단련해 왔다. 내가 강해지면 세상을 내 '맘처럼' 움직일 수 있을 거란 기대 때문이었다.

하지만 결국 당신이 살게 된 곳은 우리(cage) 안이었다. 두려움이 만들어낸 창살로 가득한 우리 말이다. 당신이 처음 강해지기로 마음먹은 이유도 세상을 두려워했기 때문이다. 강해지면 두려움이 사라질 거라고 믿었지만, 그럴수록 창살은 더 두껍고 촘촘해져 갔다.

그런데 앞으로 10초밖에 살지 못하는 사람에겐 강해진다는 게 아무런 의미도 없기에 고로 두려움도 없다. 설령 제3차 세계대전이 벌어진다 해도 상관없다. 핵폭탄으로 죽으나 10초 후에 죽으나. 병원에서 시한부 판정을 받아도 그 시한이 10초보단 길 것이기에 마음엔 아무런 동요도 없다.

살날이 10초밖에 남지 않은 사람은 모든 걸 내려놓는다. 평생을 걸려 축적해 온 지식과 경력, 학벌, 스펙, 재산을 몽땅 포기하는 순간, 그것은 이제껏 힘이 아니라 짐이었음을 깨닫는다.

어쩌면 당신에게도 김수로처럼 모든 걸 용서하고 편안한 마음을 받아들일 수 있는 순간이 찾아올지도 모른다. 문제는, 그런 기회는 보통 절체절명의 위기의 순간에 찾아온다는 것이다.

깨달음을 얻으려고 반드시 목숨이 위태로워질 필요는 없잖은가. 그러니 지금이라도 당신도 죽음의 카운트를 한 번 세어보라. 10, 9, 8, 7, 6……

"매일이 그대에게 마지막 날이라고 생각하라. 그러면
하루하루가 더 바랄 것 없이 유쾌하게 느껴질 것이다."

- 몽테뉴의 『수상록』 중에서

18

진정 그들의 소멸을 원하는가

아이스 큐브 Ice Cube

Black Korea (1991)

1991년 3월 16일 LA의 한 편의점. 50세의 한국인 여성 두순자가 편의점 사장인 남편 대신 카운터를 보고 있었다.

그녀의 시선을 사로잡은 건 한 흑인 소녀였다. 그녀의 이름은 라타샤 할린스. 친구들 사이에서 '왕언니'라 불릴 정도로 쾌활했지만, 내면에는 어른에 대한 남다른 두려움과 증오심을 품고 있었다.

라타샤는 어릴 적부터 아버지가 어머니를 때리는 걸 보면서 자랐다. 이혼 후 겨우 폭력에서 해방된 어머니는 어느 날 남편의 여자 친구가 쏜 총에 맞아 사망했다.

하굣길에 편의점에 들른 라타샤가 2천 원짜리 오렌지 주스를 자신의 가방에 넣었다.

"도둑이야!"

두순자가 소리치자, 라타샤는 돈을 보여주면서 계산하려 했는데 왜 그렇게 호들갑이냐고 항의했다. 하지만 두순자는 그녀의 가방을 낚아채 주스 병을 꺼내려 했다. 라타샤는 그녀 얼굴에 펀치를 한 방 날렸다. 그리곤 주스를 팽개치고 출구 쪽으로 짜증스럽게 걸어갔다.

"빵!!"

두순자의 손에서 발사된 총알은 그대로 라타샤의 뒤통수를 관통했다. 그녀는 그 자리에서 즉사했다.

평소 흑인 강도들에게 시달리면서 흑인을 두려워하게 된 두순자, 어른을 두려워하고 미워했던 라타샤. 두 사람은 연령대와 피부색은 달라도 어쩌면 거친 LA 후드hood(도시에 위치하면서 낮은 고용률·높은 범죄율이라는 특징을 지닌 지역) 한복판에 내던져진 여성이라는 점, 그리고 고향(한국)에 두고 온 어머니와 비참하게 목숨을 잃은 어머니를 그리워한다는 점에서 충분히 공감할 수 있는 사이가 됐을지도 모른다. 하지만 두 여인의 만남은 결국 끔찍한 악몽이 되었다.

맥주 한 병을 사러 갈 때마다
10원짜리 동전 하나하나 꼼꼼히 세는

한국인들 때문에 미칠 지경이야

진짜 열 받아서 다 갈아엎고 싶어

그들은 흑인은 전부 강도라고 생각하는 것 같아

가게에 들어온 내 행동 하나하나를 예의주시하지

그들은 내가 갑자기 총을 꺼내서

자기들 가게를 털지 않기만을 기도하지

제기랄, 니들 물건 안 훔칠 테니 그만 좀 감시해

나도 돈을 번다고 이 아시아 놈들아!

라타샤가 살해당했을 즈음 발매된 이 곡은 후렴구도 없는 50초 짜리 트랙이지만 그 파급력만큼은 대단했다. 이듬해 발발한 LA 폭동에서 수많은 한국 상점들이 불탔을 때 〈Black Korea〉가 한국인 혐오를 부추긴 것 아니냐는 논란이 일었다.

세월이 흘러 2018년 방한한 아이스 큐브는 인터뷰에서 이렇게 말했다.

"〈Black Korea〉를 불렀을 당시 난 너무 어리고 감정적이었어요. 일부 야박한 한국인에 대한 불만을 한국인 전체에 대한 혐오로 그렸죠. 그때로 다시 돌아가면 가사를 대폭 수정하거나 아예 그런 노래를 만들지 않았을 거예요. 〈Black Korea〉는 실패작입니다."

샌프란시스코에 가면 왜 머리에 꽃을 꽂을까

그날 그가 인터뷰를 마치고 오른 공연무대에서 연신 "I love South Korea!"를 외쳤다는 후문도 전해진다.

✶

현재 당신이 열심히 하고 있는 일들을 나열해 보라. 일이든 공부든 독서든 다이어트든, 무엇이든 좋다. 그다음 이런 상상을 해보자. 내일 아침 잠에서 깼는데 이 세상에 당신을 제외한 모든 사람이 감쪽같이 사라졌다. 그럼 아까 열거했던 일들을 당신은 앞으로도 계속 열심히 할 것 같은가?

잠깐. 당장 답할 필요는 없다. 그냥 혼자서 가만히 생각해 보라.

나와 경쟁 관계에 있거나 조금이라도 걸리적거리는 사람이 있으면 우린 너무도 쉽게 혐오를 이야기한다. 하지만 혐오는 그 존재가 세상에서 영원히 사라졌으면 하는 마음이다. 당장 그 대상이 눈앞에 있을 땐 이런 마음이 들지도 모른다. 하지만 막상 진짜로 그런 일이 벌어지면, 그땐 생각이 달라질 수도 있다.

당신도 인생에 한 번쯤 누군가 혹은 무언가와 영별永別을 해보았을 것이다. 그리고 그 경험은 대체로 회한을 남겼을 것이다. 그것이 영영 사라져 버리기 전까진 그 소중함을 몰랐기 때문이다. 이를테면 돌아가신 할머니 할아버지가 그럴 것이고, 방과 후에 친구들과 사 먹던 떡볶이 맛이 그럴 것이다.

만일 지금 당신이 미워하는 존재가 있다면, 그들이 죽는 상상을 해보라. 단지 '그가 죽었다'라고 말하는 게 아닌, 그들이 병에 걸렸거나 사고를 당해 고통스럽게 죽어가는 상상을 해보라. 그러면 그게 당신이 진정으로 원하는 건 아니라는 걸 알게 될 것이다. 사실은 그들과 오해를 풀고 인생의 한 챕터를 동행하는 길동무가 되길 바랐던 거란 사실도 알게 될 것이다.

"온갖 편견, 이것이야말로 도둑이며 살인자야. 큰 위험은 늘 우리 안에 있어."

- 『레 미제라블』 중에서

19

복수심 때문에 내 길을 잃지 말 것

줄리 런던 Julie London

Cry Me a River (1955)

한국의 도로 위 인심은 초보운전자에게 유독 사납다. 내가 초보일 때도 그랬다. 차선을 바꾸려고만 해도, 심지어 깜빡이만 켜도 어김없이 뒤에서 "빵~~!"소리가 울려 퍼졌다. 그럴 때마다 나는 긴장해서 진입로를 놓치기 일쑤였다. 정신을 차리고 보면 목적지와는 전혀 다른 장소에 와 있었다.

서러웠다. 안 그래도 주눅 든 초보자에게 그렇게까지 모질게 굴어야 할까? 자기들은 초보 시절이 없었던가? 하긴 그렇다고 백날 다른 운전자 탓만 하면 뭐하나. 내가 내 갈 길을 잃은 건 어디까지나 내 책임인걸.

"내가 가야 할 길을 잃지 않을 것."
이거야말로 당시 내게 필요했던 나를 지키는 길이었다.

울어요 그대여
나보다 훨씬 더 많은 눈물을 흘리세요

당신이 했던 말을 전부 기억하고 있어요
사랑 따윈 저속하다고,
그래서 나하곤 끝이라고 했죠

그런데 이제 와서 또 사랑한다고 말하네요
울어요 그대여 나보다 훨씬 더 많이
나도 당신 때문에 많이 울었으니까

LA 시내에서 승강기 운전원(일명 엘리베이터 걸)으로 일하던 줄리 런던은 한 캐스팅 매니저의 눈에 띄어 연예계에 진출하게 되었다. 한동안 핀업 모델pin-up model로 활동하던 줄리는 전설의 가수 엘라 피츠제럴드가 부르기로 돼 있던 노래를 대신 부르게 되는 행운을 잡는다. 그렇게 탄생한 노래가 〈Cry Me a River〉이다.

직역하자면 '눈물이 강이 되도록 우세요.' 전前 연인이 돌아와 다시 받아 달라고 간청하지만, 나는 그럴 생각 없으니, 당신은 펑펑 울기나 하라는 내용이다.

실컷 우세요, 눈물이 강이 되도록

이 가사를 보자 찰스 디킨스의 『두 도시 이야기』의 한 장면이 떠올랐다. 주인공 루시는 억울하게 감옥살이를 한 아버지가 정신이상 증세를 보이자 애원한다.

"아버지, 지금 제 목소리를 듣고 예전에 당신이 아름다운 음악 소리 같던 그 목소리가 떠오른다면, 울어요. 울어주세요!"

왜 울라는 것일까? 만일 지금 아버지가 눈물을 흘린다면, 비록 제정신이 아니더라도 그만큼 딸을 사랑한다는 뜻이기 때문이 아닐까? 그만큼 눈물은 자주 문학에서 진심의 징표로 사용된다.

하지만 〈Cry Me a River〉의 전 연인은 눈물 한 방울 흘리지 않고 그녀 곁을 떠났다. 사랑은 저속하다는 말만 남긴 채. 그랬던 그가 이제 와 뭐가 아쉬워서인지 다시 그녀에게 사랑한다고 말하고 있다(분명 새 연인한테서 버림받았을 것이다.).

당연히 그녀는 받아줄 맘이 없다. 하지만 한 가지만큼은 꼭 돌려받고 싶었다. 그의 눈물이다. 다시 말해 그의 진심을 확인하고 싶었던 것이다. 아무리 이미 끝난 사랑이라 해도 그게 진심이 아니었다면 너무 비참하니까.

✳

'와신상담'의 주인공 부차와 구천은 복수심 때문에 수십 년간 장작더미를 깔고 자거나 곰쓸개를 핥았다. 그렇게 스스로에게 고통을 주었다. 원수를 갚은 뒤엔 잠시 쾌감을 느끼기도 했겠지만, 고통으로 허비한 수십 년의 세월은 그 누구도 보상해 주지 않았다.

행복한 자가 승자다. 복수심으로 인한 고통만큼 확실한 패배의 징표도 없다.

복수는 내게 고통을 준다는 면에서도 패배지만, 그보다 더한 패배감은 내 삶의 방향을 다른 사람이 정한다는 데에 있다. 그 사람이 아니었다면 내가 추구했을 삶의 목표와 가치를 포기하고 오로지 그 사람에게 복수할 방법만 강구한다. 그렇게 내 삶의 황금기를 상대에게 헌납하고 만다.

기억하라. 가장 통렬한 복수는 내가 내 삶을 사는 것이다. 지금도 당신의 삶에는 사랑과 행복, 성취감을 느낄 수 있는 기회로 충만하다. 그런데도 가슴속에 앙심만 품고 복수에 집착하는 건 집 앞에 아름다운 바다가 펼쳐져 있는 데도 스스로 진흙탕 속에 빠져 발버둥 치는 꼴이다.

최고의 복수는 당신의 원수처럼 살지 않는 것이다.

- 마르쿠스 아우렐리우스

20

시간을 낭비할 권리

브리트니 스피어스 Britney Spears

Overprotected (2001)

학원 생활지도 교사로 일한 적이 있다. 우리 팀은 총 3명이었는데, 주 업무는 자습 시간에 조는 학생들을 깨우는 것이었다. 우리 중 유독 나이가 많았던 사람이 한번은 조는 학생들을 옥상으로 데려가 엎드려뻗쳐와 스쿼트를 시킨 적이 있다. 나중에 이 사실을 학부모들이 알게 되었고, 결국 그는 팀장한테서 해고 통지를 받았다. 그가 말했다.

"제가 왜 잘려야 하죠? 다 학생들을 위해서 그런 건데요!"

"그건 저도 압니다. 하지만 굳이 옥상으로 데려가 기합까지 주실 필요는 없었어요. 저희가 그런 걸 요구한 적도 없고요."

억울한지 그가 눈물을 왈칵 쏟으며 말했다.

"제 자식 같아서 그런 거예요! 제가 젊었을 적 아까운 시간을 너무 헛되이 보내서 너희들은 나처럼 되지 말란 뜻에서요!"

그 말에는 나도 공감하는 바이다. 어쩌면 그가 우리 팀에서 학생들에게 가장 진심이었는지도 모른다. 하지만 그가 자신의 소신을 내세울 때 한 가지만 더 생각했더라면 하는 아쉬움도 있다. 그건 학생들에게도 그가 젊었을 적 그랬던 것처럼 소중한 시간을 허비하고, 그가 그랬던 것처럼 후회할 권리가 있다는 것이.

여기 새로운 나를 소개할게
이제 당신도 내가 세상을
어떤 식으로 보는지 알게 될 거야

내게도 실수에서 배울 권리가 있어
마냥 착한 아이가 되고 싶지 않아
당신이 가르쳐주는 게 삶의 전부가 아냐
분명 다른 길도 있고 난 그 길을 가보고 싶어

"인생을 어떻게 살아야 할까?"
(걱정 마. 살다 보면 알게 될 테니)

"뭐가 옳고 그른지 어떻게 알지?"

(네 방식대로 깨달아야 돼)

나는 내 감정에 충실하고 싶지만

내 삶은 너무 통제당하고 과잉보호 받았어

2001년에 발매된 《Britney》의 수록곡으로, 과잉보호 받아온
소녀가 자신의 정체성을 찾겠다고 선언하는 자아성찰적인 곡이다.
뒤에서 소개할 크리스티나 아길레라의 〈Fighter〉가 그녀의 정체성
에 전환점이 된 곡이라면, 브리트니에겐 〈Overprotected〉가 중요
한 역할을 한다. 당시 틴팝 가수들에게 그다지 너그럽지 않던 평론
가들도 이 노래만큼은 후하게 평가하는 경우가 많았다.

✳

아이들은 싸우기도 잘 싸우지만, 화해도 금방 한다. 반면 어른
들은 한 번 싸우면 좀처럼 화해를 하지 못한다.

아이들이 금방 화해할 수 있는 건 자신의 옳음을 고집스럽게 주
장하지 않기 때문이다. 그들은 나와 다른 생각을 가진 사람을 만나
면 그 '다름'에 잠깐 놀라기도 하고 또 그 때문에 다툼이 생기기도
하지만, 그들은 자신이 아직 인생을 배우는 중이란 걸 알기 때문에
끝까지 고집을 내세우진 않는다. 내가 틀렸거나 뭔가 오해가 있었

샌프란시스코에 가면 왜 머리에 꽃을 꽂을까

을 가능성도 있기 때문이다.

하지만 어른은 자신이 삶의 정답을 알고 있다고 굳게 믿는다. 이러한 확신을 바탕으로 서로 판이한 주장을 펼치니 화해가 이루어질 턱이 있나.

사르트르는 의식의 활동을 창문을 열어두는 것에 비유했다. 의식은 세상을 향해 열려있으며, 외부 세상의 영향을 받아 의식도 변화할 수 있다. 하나의 고정된 것으로 확신할 수 없기에 의식은 불안한 존재지만, 바로 그렇기 때문에 의식은 '살아있다'.

고집도 의식의 한 형태이다. 하지만 그것은 '죽어있는' 의식이다. 그것은 창문처럼 세상을 향해 열려있지 않고 굳게 닫힌 서랍처럼 세상과 단절돼 있다.

누군가는 고집을 '안정에 대한 열망'이라고 말한다. 고집은 늘 정답을 추구하는데, 정답은 예측 가능한 것이기에 안정적이기 때문이다. 하지만 예측 가능하다는 것부터가 이 세상과 가장 동떨어진 말이다.

불세출의 천재 뉴턴이 해석한 세계는 예측 가능한 '뉴토니안 세계(Newtonian universe)'였다. 하지만 양자역학의 탄생과 함께 뉴토니안 세계는 종말을 맞이했다.

천재의 대명사인 아인슈타인도 평생 양자역학을 받아들이지 못했다. 정답과 오답 대신 '정답일 수도 있고 아닐 수도 있는 확률'과

'오답일 수도 있고 아닐 수도 있는 확률'을 말하는 양자역학이 맘에 들지 않았기 때문이다. 그래서 그는 생전 "신은 주사위 놀이(확률게임)를 하지 않는다"란 유명한 말을 남겼다. 그리고 곧장 동료 과학자에게 통렬한 일침을 당하고 말았다.

"신한테 이래라저래라 간섭하지 마시오."

아인슈타인이 발견한 시간과 공간은 유연하게 휘었지만, 양자역학 앞에선 그의 의식도 고집스럽게 굳어 버렸다.

나이 든 사람은 젊은 사람에게 있어 인생 선배다. 선배란 우월한 존재가 아니다. 그들은 다만 후배들이 가보지 않은 길을 먼저 가보았을 뿐이다. 먼저 가보았다는 건, 그 길에 대해 훨씬 더 잘 안다는 뜻이다.

선배는 후배가 모르는 길에 관해 물어올 때 유용한 지식과 정보를 제공할 수 있다. 하지만 후배에게도 선배에게 묻지 않고 혼자서 갈 권리가 있다. 그들은 올바른 길을 갈까? 그럴 수도 있고 아닐 수도 있다. 그런데 그 불확실함을 용납하지 못하는 선배는 자꾸 후배의 선택에 개입하려 든다. 이미 내가 가보았기에 안다는 것이다.

하지만 그가 지금 알고 있는 지혜도 결국 혼자서 길을 가다가 넘어지고 실수하고 좌절하면서 얻게 된 결과물이다. 후배들도 똑같이 오답을 내면서 정답을 찾아가는 과정을 거칠 권리가 있다. 뉴턴과 아인슈타인 같은 희대의 천재들도 죽을 때까지 오답을 냈다. 그런데 누가 정답을 안다고 확신할 수 있겠는가?

묻지도 않았는데 얘기하는 것을 시끄러움이라 하고, 하나를
물었는데 둘을 얘기하는 걸 과시誇示라 한다.

- 순자

21

네가 내 하루를 만들어줬어!

빌리 조엘 Billy Joel

Piano Man (1973)

지금 이 글을 쓰고 있는 시점 기준으로 약 6개월 전의 일이다. 새벽 두 시정도 되었을까? 동네 편의점에 들른 나는 냉장 음식 코너에서 뭘 사 먹을지 고민 중이었다. 소시지? 편육? 순대?

그때 갑자기 거북한 냄새가 코끝을 스쳤다. 옆을 보니 70대 중반쯤 되어 보이는 노인 한 사람이 한 손에는 이미 반쯤 먹은 소주병을 들고 음식을 고르고 있었다. 아마도 안주를 찾고 있었으리라. 노인한테선 담배와 땀 냄새가 뒤섞여 진동했다. 갑자기 입맛을 잃은 나는 초코우유만 하나 사서 나왔다.

나보다 먼저 나온 아까 그 노인이 편의점 앞의 야외 테이블에 홀로 앉아 소주잔을 기울이고 있었다. 나는 그 앞을 약간은 신경질적으로 빠른 걸음으로 지나갔다. 식욕을 떨어뜨린 것에 대한 일종의 복수심에서 나온 행동이었던 것 같다.

집에 돌아온 뒤 자꾸 그 노인 생각이 났다. 지금 내 앞에 그 노인은 없고 그가 풍기던 거북한 냄새도 사라졌다. 하지만 여전히 무언가가 남았다. 산에 다녀온 뒤 스웨터에 붙은 도깨비바늘처럼 도무지 떨어지지 않는 무언가가.

갑자기 '친절'이란 단어가 떠올랐다. 그것은 요즘 내가 틈틈이 한두 줄씩 끄적이는 영화 시나리오의 핵심 키워드인데, 친절을 찾기 어려운 요즘 세상을 풍자한 이야기다. 갑자기 그 시나리오가 내게 물어 왔다.

"너는 오늘 충분히 친절했어?"

토요일 밤 9시
단골손님들이 바에 입장하네요
내 옆쪽에 앉아 있는 어르신 한 분이
진토닉을 마시며 말을 걸어 옵니다

젊은 친구, 노래 하나 연주해 줄 수 있겠나?
음이 어떻게 되는지 가물가물하긴 한데

아주 슬프고도 아름다운 선율이었지
전에는 완벽히 따라 부르곤 했었건만
내가 자네처럼 젊었을 땐 말이지

노래 한 곡만 불러주게, 피아노 맨
오늘 밤 우리들에게
우린 자네가 연주하는 멜로디에 푹 빠져들 테고
우리의 삶도 나쁘지 않다는 착각에 잠시 빠질 수 있겠지

빌리 조엘이 직접 작사 작곡한 〈Piano Man〉은 뉴욕에서 데뷔 앨범을 말아 먹고 LA로 도피하다시피 쫓겨 온 그가 집세를 내기 위해 술집 알바를 하며 직접 경험한 걸 토대로 쓴 곡이다. 이 노래로 그는 하루아침에 도피자에서 슈퍼스타가 되었다.

＊

어쩌면 나도 빌리 조엘처럼 편의점에서 만난 노인에게 무언가를 해줄 수 있었을지도 모른다. 멋진 피아노 연주와 노래 선물까진 아니더라도 술 한 잔은 따라드릴 수 있었을지도. 물론 그분이 내가 생각하는 것처럼 외로운 사람도 아니고 원래 혼술 취향인지도 모르지만.

샌프란시스코에 가면 왜 머리에 꽃을 꽂을까

영어에는 "You made my day"라는 표현이 있다. 직역하면 "네가 내 하루를 만들어줬어"인데, "네 덕에 오늘 하루 기분이 좋아졌어" "덕분에 오늘이 특별해졌어" 정도로 해석할 수 있겠다.

이 말은 사실이다. 우리는 아침 출근길이나 등굣길에 뜻밖의 친절을 경험하면 그게 하루 종일 잔상으로 남아 나의 기분을 좋게 만든다. 그것 때문에 나의 하루가 행복해지는 것이다. 심지어 어떤 친절은 다른 사람에게 베푸는 걸 목격한 것만으로도 그 여파가 10년이 넘게 가기도 한다.

그날 나는 카페 창가에 앉아 책을 읽고 있었는데, 내 바로 앞 도로 건너편에서 접촉 사고가 났다. 마을의 작은 도로에서 저속 주행 중에 벌어진 일이라 큰 탈은 없었지만 그래도 아찔했다. 자동차와 부딪친 대상이 자전거를 탄 연세 지긋한 노인이었기 때문이다.

할아버지는 넘어진 채로 도로 위에 철푸덕 앉아 있었는데 운전석에선 아무런 반응이 없었다. 차 안으로 어렴풋이 보이는 운전자는 30대 중반쯤 되어 보였다.

그의 표정은 노인을 걱정하기보단 '어떡하지? 나가서 괜찮냐고 물어야 하나? 아니면 그렇게 갑자기 튀어나오면 어떡하냐고 화를 내야 하나?' 같은 고민을 하는 표정에 가까웠다. 물론 표정만으로 그 사람의 본심을 알 순 없고 그냥 나의 뇌피셜을 돌려본 거다(사고를 내고 나와보지도 않고 있으니 충분히 할 수 있는 상상 아닌가.).

노인이 행인들의 부축을 받고 자리에서 일어났다. 그때까지도 운전자는 요지부동이었다. 노인의 걸음걸이에 별 이상이 없어 보이자 그제야 그는 차 문을 열고 나왔다. 처음 그의 표정은 미안함도 분노도 아니었다. 완벽한 포커페이스인 게 마치 노인이 어떻게 나오느냐에 따라 자신의 반응이 달라질 수 있음을 암시하는 듯했다.

그런데 그때 갑자기 노인이 차렷 자세를 한 뒤 반듯하게 허리를 굽혀 인사했다. 큰손자뻘 되어 보이는 청년에게 말이다. 그제야 남성의 얼굴에도 미소가 번졌다. 그는 함께 허리를 굽히며 괜찮으시냐고 물었다. 그러곤 연락처를 물어보는 것 같았는데 노인은 웃는 얼굴로 손사래를 치더니 대신 청년에게 악수를 청했다. 그렇게 두 사람은 평화롭게 헤어졌다.

이날 내가 본 장면은 10년이 지난 지금까지도 내 기억 속에서 생생하게 재생되며 감동을 선사한다. "You made my 10년"이다.

친절은 작은 선택에서 시작되지만 그 여파는 무한하다. 친절을 베푸는 순간에는 반드시 그와 충돌하는 선택의 여지가 동반되는데, 나는 편의점을 나올 때 친절 대신 짜증을 선택했고, 그것이 나의 하루를 만들었다. 접촉 사고를 당한 노인은 친절을 선택해 나의 10년을 만들었고, 어쩌면 당시 운전자의 평생을 만들었을지도 모른다(부디 그랬고, 만일 비슷한 일이 또 있었다면 그때는 차에서 조금 더 빨리 나왔기를 바란다.).

샌프란시스코에 가면 왜 머리에 꽃을 꽂을까

고등학교 신입생 때 저는 경찰서를 들락거리던 문제아였죠. 어렸지만 이미 키는 190이 넘었고 나와 눈이 마주치는 사람들은 모두 겁을 먹었어요.

어느 날이었어요. 학생 화장실에 가기 싫어서 교사 화장실에서 볼일을 보고 있었는데 교사 한 명이 들어오더군요. "이봐, 여긴 학생용 화장실이 아니야"라고 하길래 저는 그를 위아래로 훑어보곤 아주 불만스럽다는 표정으로 "다 싸면 나갈 겁니다"라고 했어요. 그러곤 나보다 훨씬 키가 작은 그를 한참 동안 내려다본 뒤 천천히 화장실을 나왔어요.

그날 집으로 돌아왔어요. 기분이 안 좋았죠. 정말로 나빴어요. 저는 다음 날 곧장 그를 찾아가 말했어요. "어젠 죄송했습니다. 제 행동은 적절치 않았습니다." 그러곤 그를 향해 손을 내밀었어요. 그가 내 손을 한참을 바라보더니 결국 손을 잡더군요. 그러곤 말했어요. "자네 풋볼해 볼 생각 없나?"

그가 풋볼팀 감독이란 걸 알게 되었고 그때부터 나는 풋볼에 빠져들었죠. 감옥에 드나들던 나의 삶은 완전히 바뀌었어요. 전국 대학들로부터 스카웃 제의가 들어왔고 내겐 처음으로 목표라는 게 생겼죠.

이 모든 기적 같은 일들이 하나의 작은 선택에서 시작되었습니다. 그를 찾아가 사과의 악수를 건네기로 한 나의 선택 말이죠. 그것이 모든 것의 시작이었습니다.

- 전설의 프로레슬러이자 할리우드에서 가장 비싼 출연료를 받는 배우 드웨인 존슨

샌프란시스코에 가면 왜 머리에 꽃을 꽂을까

22

기도는 어떻게 이루어지는가

머라이어 캐리와 휘트니 휴스턴 Mariah Carey and Whitney Houston

When You Believe (1998)

어릴 적 친구가 말했다.

"너도 오늘 휴거 보러 갈 거야?"

"휴지?"

"휴거. 사람들 하늘로 올라가는 거. 오늘 우리 동네 사람들 교회에 모여서 다 하늘로 올라 간데. 예수님 곁으로."

"우리도?"

"아니. 넌 무교잖아? 그럼 안 올라가지."

"안 올라가면 어떻게 되는데?"

"죽겠지. 그나마 넌 나아. 난 엄마 아빠 땜에 절에 다녀서 지옥에 떨어질걸?"

놀라운 건, 우리 같은 꼬맹이들만 휴거를 믿은 게 아니었다는 것이다. 어른들도 믿었다. 그들은 휴거를 위해 가출하고, 탈영하고, 사표를 냈다. 가볍게 날기 위해 낙태 수술까지 받았다.

하지만 그날 밤 우리 동네엔 아무 일도 일어나지 않았다. 여전히 '땅에 남은' 사람들은 망연자실했다. 이미 집도 처분해 돌아갈 곳도 없었다. 휴거를 주최한 목사에게 전 재산을 넘겼기에 땡전 한 푼 없었다.

세상은 두려움으로 가득하죠
하지만 두려워할 필요는 없어요
그동안 우린 자신도 모르는 사이에
거대한 산을 움직여 왔으니까

믿기만 하면 기적을 이루어낼 수 있죠
희망은 깨지긴 쉬워도
소멸하진 않는 법이죠
당신은 어떠한 기적이든 이루어낼 수 있어요
당신만 믿는다면 기적은 이루어져요
믿음만 유지한다면

어떤 식으로든

따르릉! (전화벨 소리)

G: 여보세요?

P: 아, 제가 지금 돈이 좀 필요하거든요?

G: 얼마나요?

P: 글쎄요, 한 5백 정도? 보내주실 수 있나요?

G: 그럼요. 필요하시다면 천만 원도 보내줄 수 있어요.

P: 잘됐군요. 그럼 지금 좀 보내주실래요? 사정이 급해서요.

G: 아 그럼 전화를 끊는 대로 바로 보내드리죠.

P: 정말요? 그럼 천을 보내주시겠다는 건가요?

G: 넵.

P: 잘됐군요. 그것 참 잘됐네……그럼 지금 좀 보내주실래요?

G: 네, 전화 끊고 바로 보낼게요.

P: 정말요? 제가 지금 사정이 좀 급해서요.

G: 네, 정말이에요.

P: 확실한가요?

G: 믿으셔도 됩니다.

P: 그렇군요. 알겠습니다. 휴…다행이다. 그런데, 아까 천만 원이
  라고 하셨죠? 오백이 아니라?

G: 네, 천이요.

P: 그렇군요. 굉장하네요. 그럼……오래 걸리진 않겠죠?

G: 네, 곧바로 천만 원을 받으실 수 있을 거예요.

P: 확실합니까? 왜냐면……제가 지금 그쪽과 통화를 한 지도 벌써 세 시간이 지났거든요. 하지만 여전히 돈은 들어오고 있지 않죠. 이런데도 제가 당신 말을 믿을 수 있을까요?

G: 저는 세 시간 전부터 입금할 준비를 하고 있었는데 그쪽이 전화를 끊질 않으니 제가 어떻게 돈을 보낼까요?

위에서 P는 인간(Person), G는 신(God)을 뜻한다. 인간은 신에게 끊임없이 요구한다. 신은 인간을 사랑하기에 어떻게든 그 요구를 들어주고 싶어 한다. 하지만 그럴 시간이 없다. 인간이 계속 똑같은 요구를 해오면서 기적을 행할 틈을 도무지 주지 않기 때문이다.

그럼 제대로 된 기도는 어떻게 하는 걸까? 우화 속 주인공은 전화를 끊기만 하면 되었다. 그럼 현실 속 우리는?

지금 내가 가진 것들에 감사하는 것, 그것이 기도의 본질이다. 그리고 그 기도가 신에게 가 닿으면 신은 아무도 상상하지 못한 멋진 선물을 나를 위해 준비하신다. 그걸 우린 기적이라 부른다.

내 삶이 아무리 보잘것없이 느껴져도, 그래도 여전히 우리에겐 감사할 일들이 남아있다. 방금 들이마신 한 모금의 숨은 어떤가? 그게 없었다면 내가 지금 이 글을 쓰고 당신이 읽는 건 불가능했다.

이 말을 듣고 누군가는 오글거린다고 말할지도 모른다. 하지만 만일 잃게 되었을 때 가장 치명적인 것일수록 우리는 그 중요성과 감사함을 잊고 지낸다. 건강이 그렇고, 젊음이 그렇고, 타고난 재능이 그렇고, 내가 살아있음이 그렇다. 주위를 둘러보라. 내가 당연하게 여기는 그것들을 모두가 당연하게 누리고 살지 않는다.

당신이 가진 것들에 감사하세요. 그러면 더 갖게 될 거예요.
갖지 못한 것에 집착하다 보면 영원히 갖지 못할 거고요.

- 오프라 윈프리

23

참된 리더란?

존 레논 John Lennon

Power to the People (1971)

지금 이 글을 쓰고 있는 2024년 2월, 대한민국 언론은 클린스만이라는 이름으로 도배되었다. 1년 전 그는 한국 축구 국가대표팀의 지휘봉을 잡았다. 하지만 그 지휘봉은 벌거벗은 임금님의 옷처럼 그 누구의 눈에도 보이지 않았다. 그는 미국 자택에 머물면서 K리그 경기를 단 한 번도 관람하지 않았다. 카타르 아시안컵에선 한국보다 피파 랭킹이 60위 이상 떨어지는 요르단에게 유효 슈팅 하나 기록하지 못하고 패했다.

대회가 끝난 뒤 그의 입장이 나왔다.

"경기 전날 선수들끼리 다투는 바람에 시합에서 좋은 결과를

낼 수 없었다.”

한때 월드클래스 공격수였던 금발 폭격기(선수 시절 클린스만의 별명)는 이제 어린 병사들 뒤에 숨어서 그들 탓만 하는 비겁한 장군으로 변해 있었다.

모두 일어나 거리로 나갑시다
그리고 노래합시다
“권력을 시민에게로!”

권력을 시민에게로
권력을 시민에게로
지금 당장 권력을 시민에게로

수많은 노동자들이 착취당하고 있어
넌 그들에게 임금을 제대로 주고 있지 않아
우린 이렇게 노래하면서 네 앞에 나타날 거야
“권력을 시민에게로!”
그리고 당장 널 끌어내릴 거야

난 지금 외젠 들라크루아의 낭만주의 걸작 〈민중을 이끄는 자유의 여신〉을 보고 있다. 한 손에는 프랑스 국기를, 다른 손에는 총검을 들고 '가장 앞에 나서서' 머스킷 총으로 무장한 민중을 진두지휘하는 자유의 여신!

그녀의 발밑에 쌓인 시신 더미는 샤를 10세의 박살 난 꿈을 상징한다. 자신의 형 루이 16세가 어떻게 죽었는지 두 눈으로 똑똑히 보고도 강행했던 반동 체제, 강제 의회 해산, 자유주의자에 대한 각종 탄압, 언론 통제 및 감시…

절대 권력의 일장춘몽에서 깨지 못한 왕의 야심을 선봉에 나서서 무너뜨리고 승리의 깃발을 흔들며 1789년 그날처럼 '자유·평등·박애'를 외치는 자유의 여신! 그녀가 진정한 리더이다.

고려의 최영 장군도 가장 앞에 섰다. 왜구를 물리치기 위해 홍산 전투에 나선 젊은 병사들은 3면이 절벽으로 이루어진 전쟁터에서 겁을 먹고 얼어붙었다. 이때 61세(당시 평균 수명은 40세 정도였다.)의 최영 장군이 선봉에 나선 것이다.

당연히 적의 공격에 무방비로 노출될 수밖에 없었고, 결국 얼굴에 화살을 맞았다. 하지만 그는 그 자리에서 곧장 화살을 뽑고 피투성이가 된 얼굴로 계속 선봉에서 진격했다. 이를 본 왜구는 극도의 공포감을 느꼈고 결국 최영에게 전멸당했다.

앞에 나와 있는 자가 진정한 리더이다. 뒤로 숨은 자는 구경꾼,

방관자, 아무리 좋게 얘기해도 관음증 환자 외에 아무것도 아니다. 리더는 권위에만 탐닉하는 자가 아니라 책임을 지는 자이다.

리더가 할 일은 앞에 나서서 책임을 지는 것이다. 하지만 대개 리더들은 뒤에 숨어 책임은 회피하고 권세만 누리려 한다. 보통 회사에서 벽면을 가장 가까이 등지고 앉는 사람은 그곳에서 가장 높은 사람이다. 그는 자신의 뒷모습을 노출하긴 꺼리고 부하직원들의 뒤통수만 감시한다. 이런 자는 리더가 아니다.

오케스트라의 지휘자를 보라. 연주자들 뒤에 서서 지휘하는 지휘자는 없다. 지휘자는 연주자들의 가장 앞에 나와 돌아서서 자신의 등 뒤에 꽂히는 관객의 시선을 온몸으로 맞는다.

이것이 '민중을 이끄는 자유의 여신'과 같은 리더의 모습이다. 그것이 리더의 무게이고, 그 권위는 그의 어깨를 짓누르는 무게에서 나오지 목에 들어간 힘에서 나오는 게 아니다.

24

그리움의 온도

스키터 데이비스 Skeeter Davis
The End of the World (1962)

S.E.S. 노래를 들으면 한동안 겨울이 떠올랐다. 그들이 주로 겨울에 활동했기 때문이다. 반면 여름에 많이 활동했던 핑클의 노랜 좀 더 뜨거운 느낌이었다.

그런데 어느 순간부터 둘 다 똑같은 온도로 느껴지기 시작했다. 아아와 뜨아 같던 두 음악이 세월이란 십 스틱으로 휘휘 저어져 하나의 온도로 맞춰진 것이다.

그것은 '그리움의 온도'이다.

어떻게 태양이 계속 떠오를 수 있죠?

파도는 어떻게 계속 밀려올 수 있을까요?

모든 게 끝이라는 걸 세상은 알지 못하나 봐요

더 이상 내가 당신의 사랑을 받을 수 없다는 사실을

어떻게 새들은 계속 지저귈 수 있죠?

하늘의 별들은 어떻게 계속 반짝일 수 있을까요?

그들은 알지 못하나 봐요

내가 더 이상 당신의 사랑을 받을 수 없게 되었을 때

세상도 전부 끝났다는 걸

어릴 적 어머니가 노래방에서 이 노래를 부르는 걸 처음 보았을 때 나는 원곡에 대해 알지 못했다. 그저 '어머니가 노래도 하시는구나'라고만 생각했는데, 나중에 원곡을 듣고 나서 깜짝 놀랐다. 어머니가 노래한 것과 거의 똑같았기 때문이다(원래부터 어머니가 가창력이 엄청 뛰어난 분은 아닌데 그만큼 이 노랠 많이 불렀다는 증거가 아닐까.).

〈The End of the World〉는 내게 어머니의 온도다. 그래서인지 슬픈 가사임에도-스키터 데이비스의 나긋나긋한 목소리도 한몫했겠지만-내겐 따뜻한 느낌을 준다. 홀로 외국에 나가 있을 때도 이 노래를 자주 들으면서 어머니 생각을 했다.

＊

2025년 12월 23일 오후 9시 현재 서울에는 비가 내리고 있다. 명동에 있는 백화점 앞의 커다란 트리와 크리스마스 마켓이 볼만하다기에 놀러 가볼까 했지만 그만두었다. 크리스마스이브를 몇 시간 앞두고 눈도 아닌 비를 혼자 맞을 생각을 하니 영 기분이 그랬기 때문이다.

대신 동네 카페에 홀로 앉아 창밖을 내다보며 지금 이 글을 쓰고 있다. 지금 내 마음속 온도는 몇 도쯤 될까?

원래대로라면 영하 10도쯤 되어야 할 것이다. 최근 난 두 번 연속으로 출판계약이 어이없게 좌절되었다. 계약서까지 써놓고 출판사 쪽에서 일방적으로 취소한 것이었다. 그 밖에도 여러 일들이 맘처럼 풀리지 않고 있다. 그런데도 다행히 지금 내 마음속 온도는 따뜻한 편이다. 그건 아마도 겨울비와 관련된 어릴 적 하나의 기억 때문일 것이다.

그날도 오늘처럼 크리스마스를 코앞에 두고 비가 내리고 있었다. 당시 지방에 살던 나는 방학을 맞아 서울에 놀러 왔다. 나는 고모와 누나의 가운데에서 한 팔씩 잡힌 채로 신나게 서울 구경을 했다.

백화점(지금은 없어진 '미도파' 백화점으로, 오늘 내가 놀러 가려고 했던 바로 그 자리에 있던 백화점이다.)과 성당 구경을 한 뒤 우린 근처에 있던 극장으로 갔다. 극장 앞에는 이미 표를 사려는 사람들이 장사진을 치고 있었다(당시엔 매표소가 극장 바깥쪽으로 있어서 사람들이 야외에서 줄을 섰다.). 멀티플렉스도 없던 시절, 우리가 보려던 성탄 특집 영화는 일찌감치 매진돼 있었다.

오랜만에 지방에서 올라온 조카들을 실망시키고 싶지 않았던 고모는 발을 동동 굴렀다. 결국 극장 앞에서 "암표!"를 외치는 아주머니들과 가격 흥정에 들어갔다(당시만 해도 암표에 대한 윤리의식이 사회 전체적으로 부족했다. 가난한 대학생 신분으로 웃돈까지 얹어 조카들을 기쁘게 해주고 싶었던 고모의 마음과 당시 사회 분위기를 고려하여 너른 이해를 바란다.).

우여곡절 끝에 우린 결국 영화를 볼 수 있었고, 영화 자체의 재미를 떠나서 난 지금까지도 그렇게 재밌게 영화를 본 기억이 없다.

이것이 지금 내 마음속 온도의 정체였다. 맘처럼 되는 일 하나 없이 홀로 추적추적 내리는 비를 바라보면서 크리스마스이브를 맞이하는 내게 수십 년 전 고모의 사랑이 아직도 따뜻한 온기를 전하고 있었다.

추억의 힘은 위대하다. 모든 걸 다 잃은 성냥팔이 소녀가 맨발로 눈밭에서 죽어가면서도 미소를 띨 수 있었던 것도 할머니의 사랑이라는 추억이 있었기 때문이다.

우리의 오늘은 먼 훗날 우리의 마음속 온도가 될 것이다. 지금 많이 춥더라도, 혹은 지나치게 뜨겁더라도 세월이라는 온도조절장

치를 거치고 나면 결국 그리움의 온도로 맞춰질 것이다.

오늘이 어쩌면 당신에겐 하루빨리 지나갔으면 하는 날이었을 수도 있다. 하지만 한 가지 분명한 건, 오늘은 또한 내 생애 다시는 돌아올 수 없는 날이라는 것이다. 언젠가 당신이 '그리운 나날'이라고 부를 날에 오늘도 분명 포함될 것이다.

그러니 힘들어도 최대한 좋게 오늘을 떠나보내 주자. 아무리 미워 죽겠어도 내일이면 퇴사할 직장동료를 대하는 마음으로.

**청량리역 시계탑에 모여 대성리로 MT를 가고, 종로의 단성사
극장에서 남자 친구와 데이트하고, 핸드폰 없이도 친구들과
웃고 떠들 수 있었던 그 시절……힘든 일도 참 많았지만 지금은
그저 그날이 그립기만 하네요.**

- 유튜브에 올라온 '90년대 서울 풍경' 영상 밑에 달린 어느 댓글

샌프란시스코에 가면 왜 머리에 꽃을 꽂을까

25

보수의 진짜 의미

리 그린우드 Lee Greenwood

I.O.U. (1983)

어느 추리 예능의 사회자는 출연자들에게 추리에 유용한 물건들을 보여준 다음 그중 하나를 택하라고 했다. 테이블 위에는 손전등, 돋보기, 카메라 등이 놓여 있었고, 그 밑에 그 물건의 이름이 적힌 카드가 함께 놓여 있었다. 그런데 출연자 중 한 사람이 카메라 대신 '카메라'라고 적힌 카드를 집어 들었다. 순간 모두가 박장대소를 터뜨렸다.

어떤 대상을 가리킬 때 이름은 유용할 때가 많다. 하지만 그렇다고 해서 이름이 대상 그 자체는 아니며, 심지어 많은 경우 그 대상을 충분히 설명하지도 못한다.

당신은 말하죠
나로 인해 삶이 완전히 바뀌었다고
나 같은 사람은 둘도 없을 거라며
내가 당신에게 베푼 걸 갚으려면
평생이 걸려도 모자랄 거라고 말하죠

그거 알아요?
나야말로 당신에게 이 찬란한 아침과
따뜻한 밤을 빚졌다는 걸

당신은 내게 삶 그 이상의 것을
가르쳐주었답니다
그것은 앞으로 내가 평생 갚아야 할
아름다운 빚으로 남을 것입니다

　　국내에선 한 인기 드라마의 삽입곡으로 쓰인 캐리와 론Carry &
Ron 버전이 훨씬 더 유명하지만, 사실 이 곡은 미국의 보수 성향 컨
트리 가수 리 그린우드가 원작자이다.
　　고등학교 시절 영어 시간에 이 노래 가사를 공부한 적이 있는데,
당시 영어 선생님은 이렇게 말했다.

"사랑은 위대한 단어지만 요즘 너무 무분별하게 쓰이다 보니 그 가치마저 훼손되고 말았죠. 이 가사에선 'love' 대신 'owe(빚지다)'라는 동사를 쓰면서 사랑의 의미를 다시 한번 되새겨볼 수 있는 기회를 준답니다."

＊

가끔 나의 정치 성향을 물어보는 사람들이 있다. 나는 대답하지 않는다. 그들이 말하는 보수와 진보의 의미가 내가 생각하는 것과는 사뭇 다르기 때문이다. 그들이 말하는 보수란 '진보의 적'에 다름 아니다. 진보의 의미 또한 '보수의 적'으로 한정된다.

그중 보수에 대해서만 말해 보자면, 내가 생각하는 보수란, '빚진 마음을 갖는 것'이다. 그리고 그 빚은 〈I.O.U.〉의 가사처럼 사랑을 의미한다.

그 옛날 강감찬 장군과 수십만의 고려군이 흘린 피가 없었더라면 한반도는 진즉에 오랑캐의 땅이 되었을 것이다. 또한 60년대 파독 근로자들의 땀이 없었다면 지금 우리가 10대 경제 대국, K팝의 나라를 꿈꿀 수나 있었을까?

지금 우리가 당연하게 생각하는 세상은 한때 당연하지 않았다. 지금 내가 누리는 1분 1초가 조상들이 국가에 대한 사랑으로 흘린 피땀 눈물로 빚은 '빚'이라는 사실을 항상 기억해야 한다.

무거운 부채 의식을 갖자는 게 아니다. 그에 대한 감사를 충분히 느끼고 우리도 후세에게 좀 더 나은 세상을 물려주기 위해 노력해야 한다는 뜻이다.

그것이 보수의 참된 의미이다. 우리의 보수는 이래야 한다. 일부 선동가들이 훼손한 보수의 가치를 우리끼리 폭탄 돌리기 할 필요는 없지 않은가.

"어머니께서 항상 말씀하셨죠. 너희들이 하루아침에 코코넛
나무에서 떨어진 줄 아니?"

– 전(前) 미국 부통령 카멀라 해리스

26

데칼코마니로 이루어진 삶

밥 딜런 Bob Dylan

Like a Rolling Stone (1965)

당나라에 백거이란 자가 살고 있었다. 그는 유명한 시인이자 정치인으로, 뛰어난 학식과 견문을 갖춰 일찌감치 출세했다. 그는 평소 사람들을 모아 놓고 자신의 학식 자랑을 늘어놓기를 좋아했다.

그러던 어느 날 백거이는 높은 나무 위에서 좌선을 하고 있는 한 스님을 보았다. 그가 소리쳤다.

"스님! 그렇게 높은 데 계시면 위험합니다."

그러자 스님이 말했다.

"높은 데가 위험하다는 건 아는가 보군."

너는 과거에 잘 나갈 때 비싼 옷을 걸치고
거지들에게 "옜다"하며 동전 몇 개를 던지곤 했지
그럴 때마다 사람들은 말했지
"나중에 너도 똑같이 될 수 있으니 조심해라"
하지만 넌 코웃음을 쳤지
넌 항상 비웃었지
그런데 이젠 밥도 빌어먹는 신세가 돼버렸네
네 꼴을 봐, 전에 그 당당했던 모습은 다 어디 건 거지?
기분이 어때? 기분이 어떠냐고?
집도 절도 없이 돌멩이처럼 굴러다니는 기분이 어때?

미국의 유력 잡지 『롤링스톤』이 '역대 가장 위대한 팝송'으로 두 번이나 선정한 곡이며, 밥 딜런이 쓴 이 노래의 친필 가사는 소더비 경매에서 20억 원이 넘는 가격에 낙찰되었다.

그런데 이러한 사실들을 알고 나서 가사를 보면 적잖이 의아해진다. 거렁뱅이 신세가 된 사람에게 "기분이 어때? 어떠냐고?"라고 조롱해 대는 이 노래의 위대함을 우린 어디서 발견해야 할까?

간혹 예술 앞에서 이런 식으로 길을 잃을 때 나는 '연결'이라는 단어를 떠올려본다. 고전 작품이 고전이라 불리는 건 그동안 많은 사람들이 그 작품과 연결되었기 때문이다.

다음은 〈Like a Rolling Stone〉과 나는 어떻게 연결될 수 있을까?'란 물음에 대한 나의 답이다.

✳

이 세상 모든 게 흐른다. 우리 몸의 70%를 채우는 물이 흐르고, 지구의 70%를 차지하는 바다가 흐르고, 우주의 70%를 구성하는 암흑에너지가 흐른다. 그리고 그것은 결코 멈추는 법이 없다. 마치 구르는 돌(rolling stone)처럼.

흐른다는 건 변화의 연속을 뜻한다. 시간도 흐른다. 그러니 시간의 흐름 속에 내던져진 인간도 매 순간 변화를 운명처럼 맞아들일 수밖에 없다.

매번 새롭게 다가오는 변화가 항상 좋은 쪽이라면 얼마나 좋을까? 더 부유해지고, 더 건강해지고, 더 예뻐지는 식으로 말이다.

하지만 삶은 녹록지 않다. 삶은 그런 식으로 흐르지 않는다. 성공 뒤에는 실패가 따라오고, 건강 뒤에는 병이 따라오고, 다이어트 뒤에는 요요가 따라온다. 젊음 뒤에는 늙음이 따라온다.

삶은 현실과 '현실 가능태(potentiality to be real)'로 이루어져 있다. 삶에는 늘 죽음이라는 현실 가능태가 그림자처럼 따라붙는다. 이 둘이 데칼코마니처럼 접혀 있다. 어른이 된다는 건 단순 나이만 먹는 게 아니라, 이 데칼코마니를 볼 수 있는 능력을 갖추는 것이다.

그래서 어른은 아이보다 겸손해야 한다. 나무 위에 앉은 스님의 "높은 데가 위험한 건 아는가 보군"이란 말과 밥 딜런의 "기분이 어때?"란 말은 모두 이 겸손을 망각한 사람들에게 보내는 경고문이다.

세상에서 가장 높은 보좌에 앉아 있더라도 그 자리는 사실
우리 엉덩이 아래에 있을 뿐이다.

- 몽테뉴의 『수상록』 중에서

샌프란시스코에 가면 왜 머리에 꽃을 꽂을까

27

한 번 더 그날처럼 웃을 수 있다면

왬 Wham!

Last Christmas (1984)

지금 이 글을 쓰고 있는 2025년 12월 4일, 서울에 첫눈이 내렸다. 눈 오는 날이면 한 번씩 머리를 스치는 장면이 있다.

어릴 적 할아버지 댁에 놀러 간 나는 누나, 고모, 작은아버지와 함께 집 앞에서 눈사람을 만들었다. 해병대 출신의 작은아버지는 호방한 성격답게 엄청나게 큰 눈사람을 만들었다. 연탄 가루로 눈썹과 눈도 그려주었고, 고모의 빨간 우산으로 모자까지 씌워 주었다. 눈사람이 큰 탓도 있었겠지만, 아직 쪼꼬맸던 나는 눈사람을 올려다보느라 목이 아플 지경이었다.

"뽀도독"

눈 밟는 소리만큼은 그대로이지만, 그 외에 많은 것들이 지금은 달라졌다. 할아버지 댁은 곱창 가게로 변했고, 눈사람을 만들어주던 작은아버지는 얼마 전 암으로 돌아가셨다. 고모를 포함한 친척들은 더 이상 명절에 모이지 않는다.

그리고 달라진 게 하나 더 있다. 어릴 적 눈 오는 날을 그토록 좋아했던 내가 이제는 그날처럼 웃고 있지 않다는 것이다. 아침에 어머니와 벌인 언쟁 때문일 수도 있고, 아직 갚지 못한 카드 빚 때문일 지도 모른다. 설령 이런 문제들이 없었더라도 과연 내가 웃었을지는 의문이다.

작년 크리스마스에 난 당신에게 고백했어요
하지만 다음 날 당신은 거절했죠
이번 크리스마스엔 다른 사람과 보낼 생각이에요
더 이상 상처받긴 싫으니까요

하지만 상처받은 뒤의 사랑은 더 어렵죠
자꾸 당신에게 눈길이 가는 건 어쩔 수 없네요
나를 기억하나요?
벌써 1년이란 시간이 지났는데

샌프란시스코에 가면 왜 머리에 꽃을 꽂을까

지금이라도 당신이 내 사랑을 받아준다면
난 기꺼이 한 번 더 바보가 되겠어요

머라이어 캐리의 〈All I Want for Christmas Is You〉와 함께 늘 '최애 겨울 팝' 1, 2위를 다투는 곡이다. 사람들이 〈Last Christmas〉를 좋아하는 가장 큰 이유는 그 특유의 로맨틱한 감성 때문일 것이다. 화롯불에 구워 먹는 마시멜로처럼 달콤한 멜로디와 뱅쇼처럼 따뜻한 조지 마이클의 목소리에 취해 있다 보면 어느 순간 한겨울의 추위는 저 멀리 물러나 있다.

하지만 이 노래는 이글스의 〈Hotel California〉나 탐 존스의 〈Green Green Grass Of Home〉처럼 가사의 뜻을 알고 나면 적잖이 당황스러워지는 곡이기도 하다. 사랑에 빠진 두 남녀가 〈Snow Frolic〉을 배경으로 눈밭을 뒹구는 장면을 상상했건만 실상은 짝사랑녀에게 질척거리는(?) 호구송에 가까우니 말이다.

어릴 적 가사를 전혀 모르고 들었을 때도 2% 살짝 슬픈 느낌이 들었던 게 바로 이 때문이었던 것 같다. 그렇지 않은가. 퇴짜 맞기 딱 좋은 날이란 게 따로 있겠냐만, 그래도 그게 크리스마스라면 아무대로 조금 더 비참할 테니 말이다.

학창 시절 나의 생활기록부에 적혀 있던 '다소 공상적'이란 문구를 보고 상처받은 기억이 있다.

'내가 괴짜나 변태처럼 보이나?'

하지만 지금은 당시 담임선생님께서 나의 창작가로서의 재능을 일찌감치 알아본 게 아닌가 하는 생각이 들기도 한다. 일종의 정신 승리지만, 아무튼 공상적이라는 게 글 쓰는 사람에게 그리 나쁜 것만은 아닌 게 사실이니까.

공상적인 사람은 현실과 상상의 경계에 걸쳐 산다. 그래서 남들이 잘 믿지 않는 미신에 빠질 때도 있지만, 한편으론 현실 너머의 더 큰 가능성에 열려있어 가끔 기발한 아이디어를 내놓기도 한다. '세상은 가상 현실'이라고 주장하는 일론 머스크가 그 대표적 사례다(그렇다고 나 자신을 일론 머스크와 비교하는 건 절대 아니다.).

나는 산타클로스도 제법 늦게까지 믿었다. 친구들이 아무리 '그건 우리가 부모님 말씀 잘 듣게 만들려고 지어낸 사기'라고 말해도 나는 꿋꿋이 믿었다. 크리스마스에 자고 일어나면 어김없이 머리맡에 내가 원하던 로봇 장난감이 있었고, 부모님은 끝까지 모른 척했기 때문이다.

그때보다 지금 나는 세상에 대해 훨씬 더 많이 알게 되었고, 무엇이 진실인지 허구인지를 훨씬 더 잘 판가름하게 되었다. 그런데 웬일인지 그때가 훨씬 더 행복했다.

당시 내가 살던 세상은 지금보다 훨씬 더 멋지고 신비한 것들로 가득했다. 나는 산타클로스와 용신(만화 『드래곤볼』의 캐릭터)과 지니가 사는 요술램프, 가리안과 고라이언 같은 거대 로봇들과 함께 살았다. 그들을 직접 본 일은 없지만, 어딘가에 존재할 거라 믿어 의심치 않았다. 그리고 언젠가는 직접 두 눈으로 보리라 확신했다.

　한 번씩 그리워진다. 불가능한 것들을 믿었던 그때가. 보이지 않는 신비로운 것들과 함께 살았던 그때 그 시절이. 만일 내가 지금 다시 공상가가 될 수 있다면, 어쩌면 또 모르겠다. 어릴 적 눈사람을 만들던 때의 웃음을 되찾을 수 있을지도.

28

가끔은 그냥 내버려두자

비틀즈 The Beatles

Let It Be (1970)

목표를 향해 최선을 다하는 것까지가 인간이 할 수 있는 일이다. 결과는 오직 신에게 달려있다. 만일 성공한다면 성공하는 게 신의 뜻이고, 실패한다면 그 또한 신의 뜻이다.

우리는 신의 뜻에 아무런 판단도 평가도 내릴 수 없다. 인간은 신에게 심판받는 존재이지 신을 심판하는 존재가 아니기 때문이다.

삶의 고통에 시달릴 때
어머니 매리가 나타나서 말씀하셨죠

"내려놓거라"

삶이 고통으로 얼룩지면
그분은 또 이렇게 말씀하셨죠
"내려놓거라"

내려놓거라, 그냥 내려놓아라
지혜로운 어머니의 말씀
"내려놓거라"

폴 메카트니는 돌아가신 어머니(mother Mary)가 꿈속에 나와 "내려놓으라"고 조언한 경험을 바탕으로 〈Let It Be〉를 만들었다. 보통 영어권에서 'Mother Mary' 하면 성모 마리아를 뜻한다. 그런데 공교롭게도 폴의 어머니의 본명 또한 매리(Mary Patricia)였다.

이러한 이중 의미 효과는 분명 폴이 의도한 것처럼 보이는데, 왜냐하면 사람들이 혼동할 것을 염려했다면 응당 가사에 '우리 어머니 매리(my mother Mary)'라고 했을 것이기 때문이다. 어쩌면 폴은 돌아가신 어머니의 조언이 이 세상 모든 사람에게 가 닿기를 바라는 마음에서 그랬을지도 모른다.

*

모든 상황을 일일이 통제하려는 강박으로부터 벗어나야 한다. 새로 산 소설책을 읽는 것처럼 매순간을 살아야 한다. 지금 읽고 있는 부분이 어떤 식으로 결론날 지 현재로선 알지 못해도, 이미 책 뒤편에 쓰여 있다는 사실을 인정해야 한다.

내 삶의 결말도 이미 신의 플래너에 적혀 있다. 인간은 신이 미리 짜놓은 퍼즐판을 맞춰나갈 뿐이다. 퍼즐의 모범답안은 이미 나와 있지만, 우리는 그걸 한 번도 본 적이 없기에 계속해서 호기심을 갖고 퍼즐 맞추기를 할 수 있다.

따라서 우린 삶을 판단하기보단 그것에 호기심을 품어야 한다. 고통도 무조건 나쁘다고 단죄하기보단 그걸 갖고 내가 무얼 할 수 있을지 궁금해해야 한다. 지난 수 세기 동안 가장 위대한 예술가들의 영감이 고통이었음을 상기해 보자.

"진정한 종교인이 된다는 건, 고통 속에 숨겨진 신의 비밀스런 계획까지 수용한다는 뜻입니다."

– 폴 메카트니

29

조금 느리게 가도 된다

TLC

Waterfalls (1995)

최근 한 조사에 따르면, 한국 성인 10명 중 6명은 1년에 책을 한 권도 읽지 않는다고 한다. 이러한 현상에 대해 어느 전문가는 "요즘 사람들은 즉각적인 반응을 선호하는 데 반해 책은 그렇지 못해 매력이 부족하다"고 설명했다.

한때 짐승남·머슬녀 열풍이 불면서 헬스장은 발 디딜 틈 없이 북적거렸다. 사람들은 저마다 머릿속에 자신이 좋아하는 보디빌더의 모습을 떠올리며 '나도 빨리 그렇게 돼야지' 하면서 열심히 쇠질을 했다. 그러다가 '약투'가 터졌고, 그 보디빌더들 중 상당수가 사실은 불법 약물의 도움을 받았다는 사실을 알게 되었다.

이제 사람들은 1, 2년 운동해선 결코 자신이 원하는 몸을 만들 수 없고, 그것도 약물 없인 불가능하다는 생각을 하게 되었다. 그들 대부분은 러닝이나 골프 등 다른 운동으로 눈길을 돌렸지만, 일부 헬스를 포기할 수 없었던 사람들 중엔 '빠른 효과'를 위해 직접 불법 약물에 손을 대는 경우도 있었다.

사나운 폭포에 휘말리지 않도록 조심해
잔잔한 강과 호수에 좀 더 머물러 봐
알아, 한 번뿐인 인생 화끈하게 살아보고 싶겠지
하지만 넌 지금 너무 성급해

유혹에 쉽게 넘어가는 너의 천성이 어딜 가겠어
넌 그녀와의 하룻밤이 재앙이 될 거란 걸 모르고 있어
너는 말하지
"자기야, 이거 끝내준다"
하지만 이내 거울 속 낯선 얼굴을 보고 경악하지
넌 건강이 매우 나빠졌지만 그 이유를 전혀 모르고 있어
세 글자만이 너를 무덤으로 안내하네

TLC의 화음이 돋보이는 틴팝teen pop으로 둔갑한 이 노랜 사실 90년대 미국 청소년의 문제라는 묵직한 주제를 다루고 있다.

그들의 가장 큰 문제는 '성급함'이었다. 하루빨리 학교와 부모로부터 벗어나고 싶었던 그들은 성급하게 어른 흉내를 내기 시작했다. 남자아이들은 마약을 팔아 비싼 차를 몰았고, 여자아이들은 임신과 낙태를 반복했다.

TLC는 말한다. 10대들의 마음을 모르는 바 아니지만, 성급하게 어른 흉내를 내는 건 너무도 위험하다고. 폭포의 물살을 타는 게 훨씬 더 빠르고 쉬운 길처럼 보이지만, 사실 그것은 무덤으로 가는 지름길이라고. (위 가사 중 마지막 줄의 '세 글자'에 대해선 'SEX' 'HIV' 'GUN' 등등 여러 해석이 있다.)

✳

축구 해설자 박문성은 '급한 것과 빠른 것은 다르다'는 말을 자주 한다. 어떤 선수는 시간에 쫓길 때 주변을 보지 않고 자신이 빠르게 드리블해서 해결하려 한다. 이내 실수가 발생한다.

하지만 좀 더 현명한 선수는 급할수록 주변을 살핀다. 패스 경로를 탐색한다. 축구선수가 아무리 빠르게 드리블해도 시속 35km를 넘기기는 힘들다. 그러나 프로 선수가 찬 공의 속도는 시속 100km를 웃돈다. 진위에 논란은 있지만, 어느 선수가 찬 공은 시속 2백 킬로가 넘었다고 한다. 급할 때 잠깐이라도 주변을 살피는 여유를 가진다면 패스로 훨씬 더 빠르게 공을 이동시킬 수 있다.

삶도 마찬가지다. 의욕만 앞서 성급하게 굴다간 일을 그르치기 십상이다. 식빵을 구울 때도 약불로 천천히 굽는 게 타지 않고 노릇노릇 잘 구워진다. 삶에도 이처럼 느긋하게 익어가는 과정이 필요하다. 그걸 건너뛰면 내실이 부족해진다. 처음엔 그게 지름길처럼 보여도 사실은 멀리 돌아가는 행위다. 최악의 경우엔 인생이 통째로 망한다.

지난날 저는 싹을 빨리 자라게 하려고 억지로 싹을 뽑아
올리듯 공부를 했습니다. 그러다 몸이 병들고 말았지요. 학문에
뜻을 둘 땐 공부의 결과물을 성급하게 보려 해선 안 됩니다.

- 퇴계 이황

30

의자 빼준다고 다 마더파더 젠틀맨?

엘비스 프레슬리 Elvis Presley

Return to Sender (1962)

친한 동생과 신촌 거리를 걷고 있는데 골목에서 한국인 남성과 일본인 여성이 실랑이를 벌이고 있었다.

"저기 가서 딱 30분만 비루(맥주) 오케이?"

남자가 가리킨 곳에는 모텔 간판이 보였다. 여자가 난감해하며 말했다.

"안…돼요. 친구…오기로 해요."

"친구? 아, 친구랑 만나기로 했다고? 노노, 도모다치 걱정 노! 친구보고 카페에서 한 시간만 기다리라고 해. 오케이?"

"안…돼요."

지켜보던 나와 동생은 만일의 사태에 대비했다. 전직 복싱 코치이기도 한 동생은 천천히 재킷을 벗었고, 나는 언제든 경찰에 신고할 준비를 했다. 그때 남자의 표정이 심하게 일그러지더니 여자를 향해 소리쳤다.

"거 더럽게 튕기네, 못생긴 쪽바리 X이!"

하얗게 질린 여자가 급히 인사를 하고 후다닥 도망갔다. 남자는 길에 침을 한 번 탁 뱉더니 "XX 재수 없어!"라고 하고선 주머니에서 담배를 꺼내 물었다.

다행히 별 탈 없이 상황이 종료되었기에 나는 안심하고 떠나려 했다. 그런데 동생이 보이질 않았다. 어느새 남자 앞에 가 서 있는 그의 모습이 보였다.

동생이 말했다.

"저기요, 뭐 문제 있어요?"

담배에 불을 붙이려던 남자가 깜짝 놀라며 답했다.

"네? 저요? 아니요?"

동생의 살기 서린 눈빛을 본 남자는 완전히 주눅 든 모습이었다. 방금 전까지의 거친 말투와 행동은 온데간데없었다. 나는 얼른 동생에게 달려가 이제 그만 됐으니 가자고 했다.

그녀에게 사과를 하려고

편지를 써서 우체부에게 건넸죠
다음 날 아침 그는
편지를 도로 가져왔더군요

편지봉투에는 그녀의 글씨체로
이렇게 쓰여있었죠

"반송합니다"
"주소가 불명확합니다"
"우편번호 조회가 안 됩니다"
"이런 지역은 없습니다"

그래요 우린 조금 다퉜어요
흔한 사랑싸움이었죠
사과를 하고 싶은데
편지는 계속 돌아오네요
그녀의 필체로 '반송'이라고 쓰인 채

1962년 엘비스가 주연한 영화 『Girls! Girls! Girls!』의 OST 곡 〈Return to Sender〉는 한때 발라드로 전향했던 그가 '로큰롤 황

제'로 귀환했음을 알리는 곡이었다. 유튜브에서 이 노래의 뮤직비디오를 찾아보면 엘비스의 최전성기 미모를 감상할 수 있을 것이다.

*

전에 어느 연애 심리 전문가가 한 말이 인상 깊었다.

"연애를 잘하고 싶으면 먼저 거절에 익숙해지세요. 거절당함도 연애라는 게임의 일부입니다."

그날 내가 신촌에서 본 무례한 남성은 마치 그 여자에겐 거절할 권리가 없는 것처럼 굴었다. 어쩌면 일본 여성에 대한 왜곡된 인식을 가졌는지도 모른다. 그런데 막상 거절을 당하니 분노가 치밀었나 보다.

식당에서 의자를 빼준다고, 과속방지턱을 넘을 때 "콩!"이라고 해준다고 해서 다 젠틀맨인 건 아니다. 진정한 젠틀니스gentleness는 상대의 거절을 존중하는 자세에서 나온다. 그런 면에서 어쩌면 내가 외국에서 만났던 친구가 그 남자보다 훨씬 더 젠틀했는지도 모른다.

친구 : 넌 학교에 좋아하는 여자 없어?

나 : 글쎄……호감 가는 애가 한 명 있긴 한데.

친구 : 그래? 그럼 뭘 망설여? 당장 가서 제안해 봐야지.

나 : 뭘 제안해?

　　　　　　　　　샌프란시스코에 가면 왜 머리에 꽃을 꽂을까

친구 : 같이 밤을 보내자고.

나 : 미쳤어? 아직 겨우 인사만 하는 사인데. 넌 그럴 수 있어?

친구 : 당연하지. 그게 왜 문젠데?

나 : 상대가 화를 내면?

친구 : 왜 화를 내? 싫으면 거절하겠지. 제안에 "노"라고 하는 건
　　　화내는 게 아니라 거절이라고 하는 거야 친구.

나 : 그럼 상대가 "노"라고 하면 넌 뭐라고 해?

친구: (엄지를 치켜세우며) Cool.

"마음으로 신사가 아닌 사람은 예법으로도 진정한 신사가 될
수 없어."

- 찰스 디킨스의 『위대한 유산』 중에서

31

거울 속 영웅을 발견하라

머라이어 캐리 Mariah Carey

Hero (1993)

눈을 감아보자. 그리고 한여름 풍경을 떠올려보자. 어떤 그림이 그려지는가? 작열하는 태양과 아스팔트 위로 모락모락 피어오르는 아지랑이가 보이지 않는가?

하지만 실제로 한여름에 사람들이 머릿속에 떠올리는 풍경은 이와는 정반대다. 거기엔 안나푸르나봉처럼 하얀 얼음이 수북이 쌓인 빙수와 콜라병을 들고 있는 북극곰, 그리고 엘사와 올라프가 들어있다.

"나는 실제 병에 걸렸을 때보다 건강했을 때 질병을 훨씬 더 두려워했다"는 몽테뉴의 말처럼, 인간의 마음속 풍경은 눈앞의 현실

샌프란시스코에 가면 왜 머리에 꽃을 꽂을까

과 정반대인 경우가 많다. 예컨대 가진 게 많을수록 더 큰 불안을 느낀다. 지갑 속에 천 원을 넣고 걸어 다닐 때와 천만 원을 넣고 다닐 때 중 어느 쪽이 더 불안하겠는가?

반대로, 최악의 상황이야말로 내 안에서 잠든 영웅이 깨어나는 순간일지도 모른다. 더 이상 잃을 게 없을 때 우린 상실의 불안감으로부터 해방된다. 남들이 몸 사릴 때 이판사판으로 부딪힌다. 과감하게 행동하고 과감하게 상상한다. 무한동력을 얻은 상상력의 엔진이 온갖 참신한 아이디어를 쏟아내고 잠재력의 수조를 가득 채운다. 바야흐로 위대한 영웅의 탄생이다.

당신의 가슴 속에는
영웅이 살고 있어요
나 자신이 무력하게 느껴져도
두려워할 것 없어요
당신의 영혼 깊숙이
지혜가 숨어있으니까요

그 지혜가 수면 위로 떠오르면
모든 슬픔은 사라질 거랍니다

그리고 거대한 영웅이 모습을 드러낼 거예요
그 영웅은 모든 두려움을 없애줄 거고
당신은 결국 이겨낼 거예요

그러니 희망을 잃었을 때면
내면 깊숙한 곳을 들여다보세요
그러면 알게 될 거예요
그곳에 영웅이 살고 있다는 걸

머라이어 캐리의 데뷔 앨범 《Mariah Carey》는 전 세계적으로 1,500만 장 이상 팔렸다. 그중 무려 4곡이나 빌보드 Hot 100 정상을 차지했다. 평론가들로부터 클래식이란 찬사도 들었다. 하지만 이듬해 나온 《Emotions》는 화려한 보컬 묘기 쇼에 그쳤다는 평가를 듣고 만다. 상업적 성과도 전작에 비하면 미미했다.

이제 그녀에겐 새로운 자극이 필요했다. 그래서 가수로서가 아닌 작곡가로서 곡을 썼다. 그렇게 탄생한 곡이 바로 그 유명한 〈Hero〉이다(머라이어는 이 노래를 동료 가수인 글로리아 에스테판에게 줄 생각이었다.).

당시 소니뮤직의 CEO이자 머라이어의 약혼자였던 토미 모톨라는 〈Hero〉를 듣자마자 대박을 예감했다. 그는 "이 노랜 무조건 당신이 불러야 한다"며 머라이어를 압박했다.

결국 그녀는 〈Hero〉를 자신의 3집 앨범 《Music Box》에 싣기로 한다(다행히 이때까지 글로리아는 머라이어가 자신을 위해 곡을 썼다는 사실을 알지 못했다.).

이처럼 우여곡절 끝에 탄생한 〈Hero〉는 발매와 동시에 빌보드 Hot 100 정상에 올랐다. 그런데도 머라이어는 뭔가 찜찜했다. 그녀가 생각할 때 〈Hero〉는 너무 감상적이었다. 가사도 오글거렸다. 그녀는 앞으로 자신의 콘서트에서 이 노랠 부를 일은 없을 거라고 생각했다.

그런데 언제부턴가 이상한 일이 생기기 시작했다. 전 세계 팬들로부터 전에는 한 번도 받아본 적 없는 내용의 편지를 받기 시작한 것이다. '평생 우울증을 앓다가 자살까지 결심했는데 〈Hero〉를 듣고 다시 한번 살아볼 용기를 냈다'는 식의 사연들이 쏟아졌다.

그때부터 머라이어는 자신의 콘서트 세트리스트에 반드시 〈Hero〉를 포함시켰다. 일부 신파라는 혹평은 일절 무시하기로 했다. 자신의 노래를 듣고 다시 살아갈 용기를 낸 사람이 이 세상에 한 명이라도 있다면 그것만으로도 그녀는 행복했다.

✳

흔히 영웅은 분신쇄골의 노력을 통해 만들어진다고 생각한다.

하지만 영웅은 만들어지는 게 아니다. 그것은 발견된다. 혹은 플라톤적으로 말하면, 그것은 상기(아남네시스)된다.

영웅성은 내가 태어나기 전부터 이미 나의 영혼 깊숙이 에칭 etching돼 있다. 하지만 육체를 갖고 태어나면서 영혼은 망각의 강을 건너게 된다. 그렇게 내 안의 영웅성은 잊혀지고 만다.

그 후로 우린 오감을 통해 피로라는 감각을 배우기 시작한다. 피로감에 찌든 인간은 평안을 사들이기 위해 열심히 공부하고, 일하고, 때론 사기도 치고 범죄도 저지른다. 그렇게 내 안의 영웅성은 완전히 잠들어 버린다.

이때 신은 위기라는 자명종을 울려 내 안의 영웅을 흔들어 깨운다. 그러면 마치 오랜만에 고향을 방문했을 때처럼 희미한 기억의 편린들이 머리를 스친다. 그리고 레테의 물안개 너머로 어렴풋한 영웅의 형상이 드러난다. 이윽고 '최악의 상황'이라는 망치가 평안의 껍질을 내리치면, 내 안의 영웅은 완전히 잠에서 깬다.

기억하라. 당신 안에는 영웅이 살고 있다. 하지만 그 영웅은 깊은 잠에 빠져 있다. 그를 깨워야 한다. 그래서 그 영웅이 당신을 구하고, 당신이 사랑하는 사람을 구하고, 당신이 사는 이 세상을 구할 수 있도록 해야 한다. 그건 먼 훗날 당신이 어떠한 내면의 경지에 다다랐을 때 비로소 행할 수 있는 일이 아니다. 지금 당장 할 수 있는 일이다. 오직 그것을 '상기해 냄'으로써 말이다.

지금 최악의 상황을 맞이했는가? 그렇다면 지금이 가장 좋은 기

샌프란시스코에 가면 왜 머리에 꽃을 꽂을까

회다. 당신 안의 영웅을 깨울 수 있는 최적의 타이밍은 바로 지금이다.

　싸우지 말라. 고군분투하지 말라. 영웅을 깨우고 당신은 낮잠을 즐기라. 당신의 싸움을 영웅이 대신 하게 하라. 걱정할 건 없다. 영웅은 실패하지 않는 자이기 때문이다.

"자신의 파워를 믿어! 그리고 그 파워를 효과적으로 발휘하는
법을 스스로 배우도록 하란 말이다."

- 만화 『드래곤볼』 중 피콜로가 손오반을 훈련시키면서

32

누구도 타인을 소유할 수 없다

레슬리 고어 Lesley Gore

You Don't Own Me (1963)

좀 오래전 일이다. 모터쇼를 보러 갔는데 한창 신차 소개가 진행 중이었다. 화려한 조명 아래 삐까뻔쩍한 자동차 옆에서 레이싱 모델이 포즈를 취하고 있었다. 그때 뒤에서 누군가가 소리쳤다.

"저 차 사면 옆에 있는 아가씨도 따라오나?"

뒤를 돌아보니 60대 중반쯤 돼 보이는 남성이 씨익 미소를 짓고 있었다. 그 옆에 아내로 보이는 여성도 함께 웃고 있었다. 그녀는 팔꿈치로 장난스럽게 남편의 옆구리를 쿡쿡 찔러댔다. 그걸 보고 주위 사람들도 웃었다. 나도 따라 웃었다. 하나도 재미없었지만, 그 땐 왠지 그래야 할 것 같았다.

당신은 날 소유할 수 없어요

난 당신의 장난감이 아니에요

당신에겐 나에 대한 소유권이 없어요

그러니 내가 남자들과 어울리든 말든 상관 마요

내가 어떻게 살지 당신이 정하지 마요

내가 무슨 말을 하든지 당신은 상관 마요

우리가 데이트할 때

날 당신의 전시품 취급하지 말아요

17살의 레슬리 고어가 노래한 〈You Don't Own Me〉는 곧장 2세대 페미니즘의 상징이 되었다. 그전까진 그 어떤 여자 가수도 남성들을 향해 이렇게까지 단호한 메시지를 던진 적이 없었다.

2015년 폐암으로 세상을 떠난 레슬리는 지금 이 자리에 없지만, 그녀의 메시지는 아직도 우리 곁에 남아 생생히 울려 퍼지고 있다.

"이 세상 그 누구도 다른 사람의 소유물이 되기 위해 태어나지 않는다."

✳

김성구 교수는 『아인슈타인의 우주적 종교와 불교』에서 존재 중심적 세계관과 사건 중심적 세계관에 대해 설명했다.

존재 중심적 세계관이란, 인간과 돌멩이 같은 '존재'가 먼저 있고, '사건'은 그들이 만들어내는 몸짓에 불과하며, 사건 없이도 존재는 존속한다는 관점이다. 반면 사건 중심적 세계관은, 사건이 세계를 이루는 기본이며, 개별적 존재라는 건 세계를 설명하기 위한 일종의 조작된 개념이라는 주장이다.

대부분의 사람들은 존재 중심적 세계관을 견지한다. 존재를 중시하는 그들은 개별적 존재의 가치에 차등을 둔다. 예컨대 세상에서 내가 가장 중요하고, 그다음으로 내 가족과 친구들이 중요하고, 나머지 사람들은 덜 중요하다는 식으로 말이다.

모터쇼장에서 저속한 농담을 던진 남성도 그런 사람이었을 확률이 높다. 만일 그 모델이 자신의 딸이나 손녀였어도 그런 성희롱성 발언을 듣고 참았을까? 그때도 똑같이 낄낄거릴 수 있었을까?

어린아이는 주변 사람들의 관심을 한 몸에 받기 때문에 세상이 나를 중심으로 돌아간다고 생각한다. 하지만 나이를 먹고 사회화되면서 이 세상은 나와 동등한 가치를 가진 수많은 존재로 이루어졌다는 걸 알게 된다. 나 또한 내가 사는 세계의 일부이며, 나를 포함해 그 세계를 구성하는 모든 존재가 고귀하다는 사실을 깨닫는다.

내게 특정 부류의 사람들을 업신여길 자격이 있다고 믿는 사람은 자신 또한 남에게 업신여겨질 정당성을 부여하는 것이다. 내가 누군가를 소유할 수 있다면 남도 똑같이 나를 소유할 수 있는 게 된다. 이러한 간단한 원리도 아직 모른다면 생물학적 나이가 몇이던 그 사람은 어른이라 할 수 없다.

소유적 실존 양식에서는 나와 나의 소유물 사이에 살아있는
관계가 형성되지 않는다. 소유물은 물론 나도 사물이 된다.

- 에리히 프롬의 『소유냐 존재냐』 중에서

33

남에게는 T, 나에게만 F?

빌리 조엘 Billy Joel

Honesty (1979)

바야흐로 T 호소인의 시대다. 내가 '호소인'이라고 한 이유는, 그것이 자신에 대한 객관적 판단이라기보단, 남들에게 T로 보이고 싶어 하는 경우가 많기 때문이다.

냉철한 이성의 소유자이자 멘탈 게임의 상위를 자처하는 자가 바로 T 호소인이다. 그런데 이들이 내세우는 근거라는 게 가관이다. 누군가가 어려움에 처했을 때 자기는 공허한 위로보다는 실리적 해결책을 제시한다는 것이다. 그러면서 자신의 조언이 다소 냉정하게 들려도 할 수 없다고 말한다. 몸에 좋은 약이 입에는 쓴 법이라면서.

이때 그 사람이 T 호소인이 아니라 진짜 T인지를 알려면, 남이 아닌 자신이 곤경에 처했을 때를 보면 된다. 그때도 따뜻한 위로보다 따끔한 충고를 원하는지 보라. 내가 본 바로는 그들도 그땐 하나같이 F로 돌변했다. 누구보다 간절히 위로를 찾아 헤매면서 '따끔하게' 충고하는 사람한텐 상처받았다.

상냥한 애인과
기분 좋게 해주는 사랑을 찾는다면
그건 어렵지 않아요
하지만 정직한 사람을 찾는다면
쉽지 않을 겁니다
정직하기란 그만큼 어려운 일이죠

정직한 사람은 참으로 드물어요
모두가 서로를 속이려 들죠
난 항상 사람들한테서 정직함을 찾지만
그걸 발견하기란 대단히 어려워요

1980년 그래미 '올해의 앨범상'을 수상한 빌리 조엘의 6집에 실린 곡이다. 지금도 전 세계 많은 리스너들의 사랑을 받는 곡이며, '한국인이 가장 좋아하는 팝송' 리스트에서도 늘 상위권을 지킨다. 그건 아마도 정직에 대한 갈망이란 게 동서고금을 초월한 주제여서가 아닐까?

✳

한동안 루이카쓰(淚活)라는 게 인기였다. 일본에서 시작된 활동인데, 여러 사람이 모여 함께 슬픈 영화를 보거나 감동적인 연설을 들으면서 마음껏 눈물을 흘리는 모임을 뜻한다.

어느 루이카쓰 참가자가 말했다.

"눈물을 흘리는 건 발가벗는 것과 비슷해요. 남에게 보이지 못할 모습을 보이고 나면 친근감이 솟죠."

가끔 뉴스에선 범죄자가 거의 완전범죄를 저질러놓고 가까운 지인에게 사실을 털어놓았다가 덜미를 잡혔다는 이야기가 나온다.(영화 『비열한 거리』에서 조인성도 그랬다가 일생일대의 위기를 맞이한다.) 어떠한 상황에서도 나를 비난하지 않고 내가 하는 말을 그냥 들어줄 수 있는 사람이 있었으면 하는 마음은 모두가 똑같다. 설령 사악한 범죄자라 할지라도 말이다.

실리적 조언을 제공하는 것도 쉬운 일은 아니다. 하지만 이때 조언자는 정직해야 한다.

여기서 정직이라 함은, 나의 눈높이를 상대에게 맞추는 걸 뜻한다. 지금 상대가 내려가 있는 곳으로 함께 내려가 눈을 맞추고 이야기하는지, 그게 아니라 취약해져 있는 상대를 내려다보면서 우월감을 갖고 말하는지를 살펴야 한다. 왜냐하면, 반대 상황이라면 나도 똑같이 상대가 나의 눈높이에 맞춰주길 기대할 것이기 때문이다.

상대가 나를 대해줬으면 하는 방식으로 나도 상대를 대하는 것, 그것이 정직함이다. 이러한 정직함이 점점 사라지다 보니 사람들은 타인을 불편해하고 두려워하기 시작했다. 그래서 요즘 모임보단 혼밥 혼술을, 친구들과 극장에 가기보단 집에서 넷플릭스를 보는 걸 선호하는 게 아닐까.

34

진정한 용서란…

크리스티나 아길레라 Christina Aguilera

Fighter (2002)

넌 날 속이고 바람피우고 별짓 다 했지
넌 내가 분해서 잠도 못 잘 거라 생각했겠지
하지만 틀렸어
왜냐면 네가 한 짓들이 아니었으면
난 지금도 내가 얼마나 강한 사람인지
스스로 깨닫지 못했을 테니까
그래서 난 네게 감사해

네 덕에 난 강한 사람이 되었고

전보다 훨씬 현명해졌어

넌 날 전사(fighter)로 만들어 주었어

난 세상을 빠르게 간파하기 시작했고

맷집도 좋아졌어

똑똑하게 처신하는 법을 배웠어

고마워, 날 전사로 만들어 줘서

1999년, 미국 팝 시장에 두 명의 슈퍼 걸이 등장했다. 크리스티나 아길레라와 브리트니 스피어스. 먼저 빌보드 Hot 100 정상을 차지한 건 브리트니였지만, 크리스티나의 〈Genie in a Bottle〉은 브리트니의 〈...Baby One More Time〉보다 무려 3주나 더 정상 자리를 지켰다.

이제 대중의 관심은 그래미로 쏠렸다. 깐깐하기로 유명한 그래미가 과연 틴팝 가수에게 신인상을 줄 것인가? 준다면 둘 중 누구에게?

일단 판은 흥미롭게 깔렸다. 크리스티나와 브리트니 모두 후보에 올랐다. 시상자로 나선 멜리사 에더리지와 사라 맥라클란, 셰릴 크로의 입을 통해 수상자의 이름이 불렸다.

"크리스티나 아길레라!"

그로부터 2년 뒤 크리스티나는 4집 앨범 《Stripped》를 발매했다. 그중 〈Fighter〉는 크리스티나의 새로운 정체성을 알리는 곡으로, 더 이상 핫 가이와 사랑에 빠지는 소녀가 아닌 나 자신과 사랑에 빠진 전사로서의 선언이었다.

용서란, 자신을 짓밟은 구둣발에서 풍기는 꽃향기와 같다.

- 마크 트웨인

나는 이 말을 처음 듣고 모종의 반감이 들었다. 꽃은 무자비한 인간의 구둣발에 짓이겨졌는데도 복수는커녕 향기나 계속 풍겨야 하다니. 이건 전형적인 '피해자다움'의 강요 아닌가? 그런데 『제랄드의 게임』이라는 영화를 보고 나서 내가 저 말뜻을 오해했다는 걸 깨달았다.

영화의 주인공 제시는, 사정을 다 말하자면 복잡하지만, 아무튼 지금 절체절명의 위기 상황에 놓인 중년 여성이다. 그녀는 양손에 수갑이 하나씩 채워진 채 양팔을 벌린 상태로 커다란 침대에 묶여있다. 그녀는 혼자다. 게다가 지금 이곳은 외딴 호숫가 별장 안이다. 누군가가 와서 수갑을 풀어주길 기대하는 것보다 천장이라도 무너져 빨리 죽길 기도하는 게 나아 보였다.

　자포자기에 빠진 제시. 갑자기 어릴 적 기억 하나가 떠오른다.

　제시는 12살 때 가족과 별장에 놀러 갔다. 어머니가 외출한 사이 아버지는 제시에게 공원 벤치에서 함께 일식日蝕 구경을 하자고 제안한다. 제시는 좋다고 했다.

　그런데 이번엔 아버지가 작고 귀엽기만 하던 딸이 어느새 훌쩍 커버린 것 같아 서운하다며 예전처럼 다시 아버지 무릎 위에 앉아줄 수 있겠느냐고 했다. 한창 사춘기였던 제시는 망설였다. 하지만 아버지를 실망시킬 순 없었다. 그녀는 아버지 무릎 위에 앉아 망원경으로 일식을 관찰했다.

　잠시 후, 그녀는 이상한 낌새를 느꼈다. 자신의 뒤에서 아버지가 음란행위를 하고 있었던 것이다.

　아버지는 미안하다면서 만일 네가 이 일을 발설하면 어머닌 충격을 받아 쓰러질 거고, 그럼 결국 엄마 아빤 이혼하고 가정은 파탄날 거라고 했다. 바로 너 때문에. 결국 제시는 그 일에 대해 평생 함구한다.

　다시 현재. 수갑에 묶인 채 의식이 희미해져 가는 제시는 환영 속에서 어린 자신을 만났다. 어린 제시는 홀로 침대에 앉아 눈물을 흘리고 있었다. (현재의)제시가 말했다.

　"미안해."

　그러나 어린 제시가 원한 건 사과가 아니었다. 그건 무의미한 자책일 뿐이었다. 그녀가 현재의 제시에게 원한 건 오직 '지금 이 순간 나를 위해 무엇을 할 수 있는가'에 집중하는 것이었다.

이제 제시는 환상에서 깨어났다. 그리고 스스로를 구하기 위한 방법을 모색한 뒤 기지를 발휘하여 극적으로 수갑에서 탈출했다.

이것이 영화에서 말하는 용서였다. 구둣발에 짓이겨져도 아무렇지 않은 척하는 것도 아니었고, 강자의 희생양이 된 나를 자책하는 것도 용서가 아니었다.

진정한 용서란, 다른 사람이 내게 무슨 짓을 저질렀더라도 나는 계속 본연의 나를 잃지 않고 나를 위해 살아가는 것이다. 꽃이라면 꽃향기를 뿜을 뿐이지 발에 밟혔다고 해서 피나 고름 냄새를 풍길 필요는 없다.

외려 나를 짓밟은 대상에게 감사하는 게 더 바람직하다. 세상은 만만찮은 곳이란 걸 알려주었고, 고통과 상처를 통해 더 강해지는 법을 가르쳐주었으니까.

무엇보다도 복수심 대신 감사를 느끼면 내 삶은 건강과 행복으로 충만하게 된다. 결과적으로 난 잃은 것보다 얻은 게 많게 된다. 이것이 진정한 용서이다. 상대의 죄를 사면하는 게 아닌 나의 행복을 되찾는 것이다.

크리스티나 아길레라는 불안한 어린 시절을 보냈다. 아버지는 늘 어머니를 고약하게 대했고, 군인인 아버지 때문에 자주 전학을 가야 했다. 그녀의 어린 시절은 두려움과 외로움으로 짠 태피스트리와 같았다. 하지만 결국 그것이 그녀의 음악이 가진 힘이 되었다.

그녀는 말한다.

"트라우마는 결코 사라지지 않아요. 그것과 함께 사는 법을 배워야 합니다. 저는 음악을 통해 그걸 배운 뒤로 저의 과거에 감사하게 되었습니다."

그래서일까? 크리스티나는 그래미 수상 당시 감사한 분 명단에서 아버지를 빼놓지 않았다.

"나도 누군가를 미워할 때가 있어요. 그런데 어느 순간 하다가 말아. 왜냐면 그게 내 몸에서 나쁜 에너지를 생성하는 거 같고, 결국 나를 위해 안 좋더라고요."

– 배우 김혜수

인간은 에덴으로 돌아갈 수 있을까

이글스 The Eagles

Hotel California (1976)

사막의 고속도로를 달리고 있었지
어둠이 깔리면서 시원한 바람이 불더군
콜리터스의 구수한 냄새도 풍겨왔어

바로 그때, 저 멀리서
반짝이는 빛을 보았어
마침 눈도 침침하고 잠이 쏟아지길래
오늘 밤은 저기서 묵어야겠다고 생각했지

한 여성이 나와 촛불로 나를 안내했고
아래층에선 사람들 목소리가 들려왔어
그들은 이렇게 말하는 것 같았지

어서 오세요, 손님
우리 캘리포니아 호텔은
정말 멋진 곳이랍니다
방도 많아서
언제든 편히 묵다 갈 수 있어요

난 사람을 시켜서
와인을 좀 가져다 달라고 했지
그러자 자기넨 1969년 이후로는
그런 서비스는 없다고 하더군

천장엔 거울들이 달려있었고
얼음통 속엔 분홍색 샴페인 병이 들어 있었어
그때 그녀가 말했어
"우리 모두는 스스로 만든 감옥에 갇힌 신세죠"

마지막으로 기억나는 건

내가 출구를 향해 미친 듯이 뛰었다는 거야
나는 전에 살던 곳으로 돌아가기 위해
어떻게든 문을 찾아야만 했어

그때 야간 경비가 와서 말하길
"진정하시죠. 원하시면 체크아웃을 해드릴 순 있어요"
그리고 그는 말했어
"하지만 결코 여길 빠져나갈 순 없을 거예요"

팝 역사상 가장 미스터리한 가사로 유명한 곡이다. '콜리터스'가 무엇인지, 캘리포니아 호텔은 무얼 상징하는지, 촛불을 들고나와 주인공을 안내한 여성과 "너 납치된 거야"와 다를 바 없는 무시무시한 말로 주인공을 얼어붙게 만든 야간 경비의 정체 등등.

하지만 이 노래가 나온 건 벌써 50년 전의 일이다. 그동안 이 가사에 대한 토론이 얼마나 많이 벌어졌을까. 그런데 그걸 굳이 여기서 반복할 필요는 없을 것 같다.

무엇보다 나는 원작자가 어떤 의도로 그런 가사를 썼는지에 큰 관심이 없다. 물론 원작자의 의도를 유추하는 것도 나름 의미 있는 예술 감상법일 테지만, 나는 그것은 평론가들의 영역으로 놔두고 '이 작품이 내게 어떤 느낌으로 다가오는지'에 더 집중하는 걸 좋아한다.

당신도 나의 방식대로 해보고 싶다면 한 번 따라 해보라. 가사의 앞뒤 문맥을 따지지 말라. 그저 지금 읽고 있는 문장이 내게 주는 느낌 자체에만 집중하라. '콜리터스'라든가 '1969년' 같은 단어에 특별한 의미를 두지 말라. 머리로 생각하지 말고 가슴으로 느껴야 한다.

어쩌면 이글스가 처음 이 노래를 로드 무비처럼 만들 생각을 했을 때 우리에게 선사하고 싶었던 즐거움도 머리로 수수께끼를 푸는 게 아니라, 도입부에서 느껴지는 평온함과 나른함, 그리고 중반부의 혼란스러움과 그로테스크한 절정부, 후반부의 아포칼립틱한 좌절로 이어지는 감정의 롤러코스터를 가슴으로 만끽하는 게 아니었을까 싶다.

✳

지금 대한민국에선 매일 40명이 자살로 생을 마감한다. 40대 사망 원인 1위로 암을 제치고 자살이 올라온 것도 이번이 처음이라고 한다.

원인은 다양할 것이다. 실직, 이혼, 채무, 무기력, 중압감…… 그중 무엇이 됐건 최종 원인은 결국 '마음의 무너짐'이다. 앞에서 열거한 일을 겪은 모든 사람이 자살을 하는 건 아니다. 그중 마음이 완전히 무너진 사람만이 비로소 실행에 도달하는 것이다.

그렇다면 궁금하다. 대관절 인간의 마음은 어쩌다가 하나뿐인 나의 소중한 생명을 스스로 끝내는 지경까지 가게 된 걸까?

성경에 따르면, 인간의 모든 비극은 '에덴동산 사건'에서 비롯되었다.

하느님이 아담과 하와에게 선물한 에덴동산에는 원래 없는 게 없었다. 딱 한 가지만 빼고. 그건 바로 고통이었다. 그래서 에덴은 '낙원'이라고도 불렸다.

하지만 안타깝게도 그곳은 불완전한 낙원이었다. 거기에 고통은 없었지만, 고통의 씨앗은 존재했다. 바로 선악과라 불리는 열매였다.

하느님은 아담과 하와에게 에덴에 있는 모든 열매를 먹어도 좋지만, 선악과만큼은 절대 금지라고 명했다. 만일 이를 어길 시 에덴에서 쫓겨날 것이며, 동시에 영생을 누리는 지복至福을 상실하고 죽음의 운명에 처하게 될 거라고도 했다.

하지만 간사한 뱀의 꾐에 넘어간 하와가 결국 그걸 먹고 말았다. 그리고 아담한테도 먹였다. 그럼으로써 인간은 선과 악의 개념에 눈을 떴다. 이제 모든 인간은 탄생과 동시에 죽음을 향해 달려가게 되었다. 그 죽음의 질주를 가리켜 인생이라 한다.

처음 에덴동산에 고통이 없었던 이유는 무엇일까? 그것은 『창세

샌프란시스코에 가면 왜 머리에 꽃을 꽂을까

기』2장 25절에 명시돼 있다.

아담과 하와는 벌거벗었지만 서로 수치스러워하지 않았다.

그들이 수치심을 느끼지 않은 이유는 서로가 서로를 타자他者로 인식하지 않았기 때문이다. 애초에 하와는 아담의 갈비뼈로 만들어졌다. 원래부터 한 몸이었단 뜻이다. 이러한 일체성은 비단 두 사람 사이에만 존재하는 게 아니었다. 그들과 만물은 모두 하나였다. 왜냐하면 온 우주 만휘군상이 신의 창조물이었기 때문이다.

지금 이 글을 읽고 있는 당신도 만물과 하나였던 시절이 있었다. 그것은 당신이 잉태되기 전이었다. 아직 몸을 갖고 있지 않던 그때 타자란 존재하지 않았으며, 그때는 죽음도 타자가 아니었기에 죽음을 두려워할 필요도 없었다.

하지만 몸이란 걸 갖고 태어나면서 당신은 '나'와 '너'라는 개념을 배우기 시작했다. '너'란 존재는 처음엔 매력적이었다. '엄마'라고 불리는 '너'가 내게 아무런 조건 없이 밥도 주고 몸도 씻겨주었다. '아빠'라고 불리는 '너'는 열심히 돈을 벌어 내가 안전하게 머물 수 있는 집을 마련하고 유지했다. 이때는 너란 존재가 꽤나 근사한 느낌으로 다가왔다.

이러한 인생 초창기 기억이 우리로 하여금 나와 너로 분리된 쾌감에 빠져들도록 했다. 이것을 다른 말로 에고Ego라 한다.

나는 『창세기』의 에덴동산 이야기가 바로 이 에고의 탄생에 대한 은유라 생각한다. 에덴동산이 물아일체로 작동하는 신의 세상이라면, 인간 세상은 원자적原子的 에고로 이루어진 세상이다.

그리고 내겐 가사 속 '호텔 캘리포니아' 또한 에고 세상의 은유로 다가온다. 왜냐하면 인간이 에고에 가장 쉽게 말려들 때가 바로 초반부의 화자처럼 홀로 적막한 삶에서 표류하는 때이기 때문이다. 그럴 때 인간은 가장 먼저 타인과의 접촉으로 외로움을 달래려 한다.

타인은 노래 속 손님들처럼 내게 어서 오라고, 환영한다고 말한다. 어디로 오라는 걸까? 바로 에고의 세계이다. '나'와 '너'가 있고, 그래서 너가 나를 기쁘게 해주기를 바라고, 그게 충족이 안 되면 도저히 견딜 수 없어서 샴페인에 진탕 취해서라도 가상의 기쁨을 만들어야 하는 세상.

그런 에고의 세상에선 우주 만물이 오직 나를 기쁘게 해줄 때에만 가치를 지닌다. 나를 둘러싼 온 세계가 내 생각대로만 굴러가면 아무런 문제가 없을 거라 기대한다. 그래서 세상을 내 발밑에 두기 위해 온 에너지를 쏟아붓는다. 이때 삶은 씨름해서 넘어뜨려야 할 적이 된다.

이제 나는 만물은 신이 창조했고, 나 또한 그중 일부란 사실을 완전히 망각한다. 더 나아가 이제는 자신이 직접 신이 되려 하고, 신으로서 만물을 판단하고 평가하고 상벌하려 한다.

하지만 어린 시절 형성된 이래 끊임없이 비대해진 이러한 '순진한' 야욕은 나이를 먹고 세상을 알게 되면서 곧 무력감으로 변한다. 현실은 생각보다 훨씬 더 냉정하고 잔혹한 세상이란 걸 체감하기 때문이다.

내가 지배하려 했던 타인들은 사실 나를 지배하고 있었다. 그들은 끊임없이 나를 판단하고 평가하고 상벌한다. 그들은 나를 위해 선물을 준비한 산타클로스로 변장해 접근한 뒤 이내 본모습인 크람푸스로 변신해서 자신이 원하는 걸 나한테서 빼앗아 달아난다.

"우리 모두는 스스로 만든 감옥에 갇힌 신세죠"

이제야 뒤늦게 에고의 세계에 전적으로 의존하는 삶은 위험하다는 걸 깨닫는다. 타인이 마련한 경기장에서 그들의 규칙에 따라, 그들이 내게 부여한 목표를 좇아 시합에 임하는 건 내가 내 삶을 사는 게 아니라는 것도 알게 된다. 이 세상에 몸을 갖고 태어나기 전 나는 하느님이 창조한 에덴동산에서 살았고, 그곳에선 매 순간이 하느님의 은총으로 충만했기에 따로 쾌락을 추구할 필요가 없었다는 것도 기억해 낸다.

그래서 이제 나는 돌아가고자 한다. '나'와 '너'의 구분이 없었던 에덴동산으로. 벌거벗은 몸을 서로 부끄러워하지 않았던 그 시절로. 신과 나와 만물이 하나였던 그때로.

하지만 쾌락은 말한다. "이봐, 나를 한 번 맛본 네가 날 떠날 수 있을 것 같아? 호기롭게 이별 선언을 할 순 있어도 넌 결코 내 곁을 떠날 수 없어."

마약 중독자들이 흔히 말하듯, 약물이 주는 쾌감보다 금단 증상의 고통이 백 배쯤 큰 것처럼, 에고의 세계에서 맛본 쾌락 또한 그것을 떠나고자 할 때 훨씬 더 큰 고통이 따라온다. 그것은 외로움, 권태, 허무, 욕구불만, 불안장애, 고립감, 수치심 등 다양한 형태로 나의 '탈출'을 방해한다.

더 이상 이곳에선 한 시도 살 수 없을 것 같지만, 결코 이곳을 떠날 수는 없는 교착 상태, 이러한 상태에 놓인 인간은 마치 물 한 동이와 건초 더미 사이에서 고민하는 당나귀가 말라 죽듯 완전히 마음이 무너져 내린다. 그때 이 사람이 삶에서 발견할 수 있는 유일한 감사 거리는 스스로 삶을 끝낼 수 있다는 확신뿐이다.

샌프란시스코에 가면 왜 머리에 꽃을 꽂을까

36

해변의 이상한 인형

크랜베리스 The Cranberries

Zombie (1994)

남부 지역 나무에는 이상한 열매가 열린답니다

그 나무는 잎사귀도 빨갛고 뿌리도 빨갛죠

가지에는 검은 물체가 매달려 바람에 흔들흔들

- 빌리 홀리데이의 <Strange Fruit> 가사 중에서

여기서 '이상한 열매'는 KKK 같은 인종주의자들에 의해 나뭇
가지에 목 매달린 흑인을 상징한다. 물론 그들이 아무런 죄가 없는

데도 당한 건 아니었다. 그들에게도 분명 죄가 있었다. 흑인으로 태어난 죄 말이다.

2015년 9월 2일, 터키의 한 휴양지 해변에서도 이상한 열매가 목격되었다. 어린아이 모습을 한 인형이 모래사장에 얼굴을 파묻은 채 버려져 있었다. 해안 경비대가 신고를 받고 인형을 수거하러 갔다. 그때까진 아무도 몰랐다. 그게 실은 3살짜리 전쟁 피난민의 시신일 줄은.

처참한 사진을 본 전 세계 사람들은 분통을 터뜨렸다. 대체 왜 어른들이 일으킨 전쟁 때문에 아무 죄도 없는 아이가 저렇게 비참하게 희생돼야 하느냐며.

그 뒤로 지구상에서 전쟁이 완전히 사라졌다.

정상적인 이야기라면 으레 이렇게 결말이 나야 한다. 하지만 그럴 리가 없다. 인간은 반성의 동물이기도 하지만 망각의 동물이기도 하다.

그 후 10여 년이 흐른 지금도 인간은 여전히 세계 곳곳에서 전쟁을 일으키고 있다. 그리고 여전히 무고한 아이들이 희생당하고 있다. 이제는 유치원, 놀이터, 산부인과에 집중 포격을 가하는 게 일종의 '트렌드'가 되었다. 적의 사기를 꺾어놓기에 안성맞춤인 전술이란다.

또 한 아이의 고개가 떨어졌어

신께서 데려가시려나 봐

잘 들어, 그건 내 뜻이 아냐

우리 가족의 뜻도 아냐

그건 단지 네 골통 속에서

너의 탱크와 너의 폭탄과

너의 폭약과 너의 총들이 만들어내는 소리야

네 골통 속에 살고 있는 그건 뭐지?

그건 바로 좀비야, 좀비

네 머릿속엔 좀비가 살고 있어

1993년 3월 20일, '어머니의 날'을 하루 앞둔 영국 워링턴 시내는 어머니께 드릴 선물과 카드를 사려는 아이들로 북적였다. 그들 중엔 3살의 조나단 볼과 12살의 팀 패리도 있었다.

정오가 조금 넘은 시각, 길가에 있던 주철鑄鐵 쓰레기통 두 개가 폭발했다. 날카롭게 잘린 파편이 사방팔방으로 튀었다. 파편에 맞은 조나단은 현장에서 즉사했다. 중상을 입은 팀은 5일 후 병원에서 사망했다.

아일랜드의 무장 테러 단체 IRA가 벌인 짓이었다. 그들은 지난 수십 년간 북아일랜드에서 영국군이 철수할 것을 요구하며 테러 행위를 자행해 왔다. 그들은 곧 공식성명을 발표했다.

"이번 폭파는 모든 아일랜드인들의 경고다."

당시 크랜베리스는 세계 투어 중이었다. 메인 보컬이자 아일랜드인인 돌로레스 오리어던은 이 소식을 듣고 경악했다.

'뭐? 저게 우리들의 경고라고? 무고한 두 아이를 살해한 게 내 뜻이라고? 우리 가족의 뜻이라고? 저런 끔찍한 짓을 저질러놓고 그게 다 우리 뜻이라고?'

돌로레스는 동의할 수 없었다. 그녀가 볼 때 그들은 단지 좀비였다. 아무런 의식 활동도 어떠한 이성적 판단도 하지 않고 오직 먹어치우려는 본능만 남은 좀비 말이다.

＊

어른들은 한편으론 아이들에게 신과 같은 존재다.

첫째, 어른은 아이들이 사는 세계를 창조한다. 아이들은 어른이 만든 우물 속에 들어가 산다. 그 위로 보이는 작고 동그란 하늘이 우주 전체라고 믿는다.

둘째, 어른은 아이들의 생명줄을 쥐고 있다. 그들이 아이들을 제대로 돌보지 않으면 아이들은 죽는다.

아이들은 어른들이 자신의 보호자임을 믿어 의심치 않는다. 12

살의 팀과 3살의 조나단도 그랬을 것이다. 그들은 세상을 믿었고 어른들을 믿었다. 그리곤 아무것도 모른 채 무참히 살해당했다.

지금도 전쟁 피난민 아이들은 "내일이면 다 끝날 거야"란 어머니의 말만 믿고 있다. 하지만 난 알고 있다. 그 내일은 결코 오지 않을 거라는 걸. 인류 역사에서 아이들의 오늘은 언제나 탐욕스런 어른들의 내일을 위한 제물로 바쳐져 왔으니까.

아이들은 우리가 미래로 보내는 메시지이다.

- 존 F. 케네디

37

한 번만 기억한다면

사라 맥라클란 Sarah McLachlan

Angel (1997)

하필 같은 반 여자애가 나와 같은 동 아파트에 살고 있었다. 그 애 집은 우리 집보다 3층 아래였다.

초등학교 땐 왜 그렇게 남녀 학생들이 서로를 못 잡아먹어서 야단이었는지, 우리 두 사람도 가끔 엘리베이터에서 마주칠라치면 고개를 홱 돌린 채 속된 말로 '쌩깠다.'

한번은 등굣길에 같은 엘리베이터에 둘이서만 탄 적이 있는데, 그것만으로도 싫었지만, 곧이어 발생할 일에 비하면 애교였다. 엘리베이터가 한 번 크게 덜컹이더니 갑자기 멈춘 것이었다.

다행히 몇 초 후 다시 정상 작동했지만, 우리 두 사람은 그날의 일을 각자 동성 친구들에게 들려주면서 연방 "끔찍했다"고 말했다. 물론 우리 둘 다 갑자기 멈춘 엘리베이터만을 의미한 건 아니었다. 그리고 우리 둘 다 그때까지는 몰랐다. 얼마 후 우리에게 더 끔찍한 일이 다가올 줄은.

교내 학생 건강검진이 있던 날이었다. 검진이 모두 끝난 뒤 교실에 들어온 담임선생님은 몇몇 아이들을 큰 소리로 호명했다. 검진 결과에서 무언가 '문제'가 드러난 아이들이었다.

곧이어 그 여자애 이름도 불렸다.

"OO야, 넌 머리에서 이가 나왔다. 오늘부터 아침저녁으로 이걸로 머리를 벅벅 감으렴."

교실에선 일제히 웃음이 터져 나왔다. 여자애는 그대로 책상에 엎드려 울음을 터뜨렸고, 솔직히 말해 당시 나도 속으로 고소해하고 있었다(악마를 보았다?).

하지만 불과 채 몇 분이 지나기도 전에 나는 인과응보를 몇 곱절로 받아야 했다.

"다음, 이지오!"

"네?"

"너 심장병 있다는 거 부모님도 아시니?"

"헉!!"

이 외마디 비명은 나한테서 나온 게 아니었다. 반 친구들이었다.

당시 나는 얼굴이 하얗게 질린 채 아무 말도 하지 못했다.

'나 죽는구나.'

머릿속에선 오직 이 말만 떠올랐고 하염없이 눈물이 쏟아졌다. 친구들은 일제히 나를 바라보며 "어떡해" "어떡해"를 연발했다.

중략하고 결론만 말하면, 그때까지 나는 전혀 몰랐지만, 나는 선천성 폐동맥 판막 기형을 앓고 있었다. 심장에서 폐로 혈액이 흘러가는 길목에는 판막이라는 것이 있는데, 이것이 혈액의 원활한 흐름을 도와준다. 그런데 이 부분에 기형(일종의 찌그러짐)이 있으면 피의 일부가 폐로 넘어가지 못하고 심장에 남게 된다. 정도에 따라 일상에 큰 지장을 받지 않는 경우도 있는데, 내 경우가 그랬다(물론 나이가 들고 나면 심부전 등 위험이 따를 수 있기에 그 후로 두어 차례 시술 치료를 받았다.).

만화 『드래곤볼』의 주인공 손오공은 전 우주에서 가장 강한 용사다. 그런데 그런 그도 심장병으로 죽었다. 그래서 '암'이나 '종양' 같은 단어를 몰랐던 당시 내게 가장 무서운 말은 '심장병'이었다.

그런데 당시 선생님은 그 단어를 아무렇지도 않게 썼다. 마치 감기 정도 된다는 듯이. 그리고 그 여자애한테도 반 전체 학생이 듣는 앞에서 '이'란 단어를 언급했다.

물론 시대가 좀 그렇긴 했다. 그래도 우린 수치심을 느꼈다. 그리고 두려움을 느꼈다. 아직 뭐가 좋은 건지, 뭐가 나쁜 건지, 뭐가 최악은 아닌 건지 아무것도 모르는 아이들에게 세상은 어른들 눈에

샌프란시스코에 가면 왜 머리에 꽃을 꽂을까

보이는 것보다 훨씬 더 두려운 곳이다.

선생님도 한번은 어린아이였던 시절이 있었을 것이다. 모든 사람이 한 번은 어린아이였다. 굴러가는 낙엽을 보고 깔깔 웃기도 하지만, 흔들리는 나뭇가지 그림자만 보고도 겁에 질리는 게 어린아이이다. 그걸 선생님께서 한 번만 기억했더라면 어땠을까.

다시 한 번 해보려고
노력 중이죠
한숨 돌릴 틈을
가져보는 것도 좋겠지요

누구나 내 자신이 부족하단
생각을 할 수 있어요
그런 생각은 끊임없이
우릴 괴롭히죠

그럴 땐 기분 전환이 필요해요
잠깐이라도 모든 짐을 내려놓고
내 안에서 나쁜 기억들이
전부 빠져나갈 수 있도록

마음속을 텅 비워 보아요

그러면 가벼워진 몸이 날아오르고
완전한 평화에 머무를 수 있죠

춥고 어두운 호텔방에서 날아올라
천사의 품에 안겨 보아요
영원히 끝날 것 같지 않은 악몽에서 벗어나
적막한 몽상의 잔해에서 빠져나와
천사의 품에 안겨요

부디 그곳에선 평안하기를

앨라니스 모리셋과 90년대 팝 시장을 석권했던 '슈퍼 캐나디안'
사라 맥라클란은 《Fumbling Toward Ecstasy》 앨범이 큰 성공
을 거두자, 다음 앨범에 대한 엄청난 압박감을 느꼈다.

그러던 어느 날 머리도 식힐 겸 음악 잡지를 사서 읽다가 인기
록밴드 스매싱 펌킨스의 투어에 키보디스트로 참여했던 조너선 멜
보인의 부고를 접하게 되었다. 음악 산업에 몸담으면서 느꼈던 우
울감과 슬픔을 이기지 못해 헤로인 과다 복용으로 호텔 방에서 사

망했다는 소식이었다. 공교롭게도 당시 그가 투어에 참여했던 스매싱 펌킨스의 앨범 제목이 《Mellon Collie and the Infinite Sadness》였다.

사라는 평생 헤로인은 손도 대 본 적이 없었다. 하지만 그녀는 동료 아티스트를 중독자라고 비난하는 대신 공감하는 쪽을 선택했다. 그녀는 인터뷰에서 이렇게 말했다.

"나는 인생에서 완전히 길을 잃은 느낌이 어떤 건지 알고 있어요. 자존감은 바닥을 치고, 그 어떤 것도 나를 위로해 주지 못하죠. 그럴 때 헤로인이 유일한 탈출구처럼 보일 수도 있었을 거예요. 나는 헤로인을 해본 적은 없지만, 다른 방식으로 현실에서 도망치려 한 적은 많았죠. 그래서 그의 고통에 공감할 수 있었어요. 그의 영혼을 위로해 주는 노래를 쓰고 싶었죠. 그렇게 약 3시간 만에 〈Angel〉이 만들어졌어요."

"실제로 그 사람의 피부를 뒤집어쓰고 그 사람의 삶을 살아보기 전까지 우린 절대로 그의 입장을 이해할 수 없어."

— 하퍼 리의 『앵무새 죽이기』 중에서

38

사자들이 다니엘을 물지 않은 이유

마리안느 페이스풀 Marianne Faithfull

This Little Bird (1965)

예부터 현인들은 '나를 봄'의 중요성을 강조했다. 델포이 신전에 새겨진 "너 자신을 알라"란 격언을 평생 지침으로 삼은 소크라테스가 그랬고, "아는 것의 어려움이란 다른 사람을 보는 데 있지 않고 나 자신을 보는 데 있다"고 말한 한비가 그랬다.

그렇다면 의문이다. 나를 보는 게 그렇게 중요하다면, 신은 대체 왜 인간의 눈을 지금의 자리에 만들었을까? 만일 눈이 손바닥에 있었다면 내가 나를 보는 게 훨씬 더 수월했을 텐데 말이다(그럼 소개팅에서 삐져나온 코털과 이에 낀 고춧가루 때문에 애프터에 실패하는 일도 없었을 텐데. 참고로 내 얘긴 아니다. 진실은 안드로메다 너머로⋯⋯).

샌프란시스코에 가면 왜 머리에 꽃을 꽂을까

어쩌면 진정한 나의 모습을 보려면 내 얼굴을 봐선 안 된다는 게 신의 뜻인 건 아닐까?

여기 작은 새 한 마리가 있어요
알 수 없는 누군가가 보낸 작은 새가
그 새는 누군가가
바람 따라 살라고 이 땅에 보냈다죠

바람 따라 태어난 그 새는
바람 따라 잠에 들죠

누군가가 보낸 이 작은 새는
가냘프고 연약하기 그지없죠
깃털은 너무도 가늘어서
투명한 나머지 하늘색처럼 보인답니다

이 작은 새는
사람들이 차마 볼 수 없을 정도로
높은 곳까지 날아올랐다가
결국 죽을 때가 돼서야 땅에 돌아오죠

19살 데뷔 당시 마리안느 페이스풀은 가사 속 '작은 새'처럼 가냘픈 몸과 꾀꼬리 같은 목소리로 〈As Tears Go By〉를 히트시키며 하늘 높은 줄 모르고 날아올랐다.

하지만 불과 20대 중반에 그녀는 약물 중독과 거식증에 시달렸고, 전 남친에게 아들의 양육권을 빼앗겼으며, 런던의 소호 거리에서 노숙 생활을 하는 신세가 되었다.

그때부터 그녀에겐 '천사의 얼굴을 한 악녀' '1억 개의 담배를 피운 여자' 등 온갖 불명예스런 별명이 따라붙었다. 이러한 배경 때문인지 그녀는 앞서 소개한 밥 딜런의 〈Like A Rolling Stone〉의 주인공으로 이디 세지윅과 함께 꾸준히 지목되기도 했다.

말년에 마리안느는 간염, 유방암, 관절 질환, 코로나19라는 폭풍에 휘말렸고, 2025년 모든 깃털을 잃고 땅에 떨어졌다. 향년 80세. 100세 시대에 보기 드문 장수는 아닌데도 사람들은 그 나이까지 산 게 '기적'이라고 말할 정도로 그녀의 삶은 다사다난했다.

＊

『다니엘서』에는 이런 이야기가 나온다.

다리우스 왕은 다니엘을 총애했다. 그러자 다른 신하들이 그를 질투했다. 그들은 꾀를 내어 다리우스로 하여금 다니엘을 사자 굴에 던지게 했다. 다리우스는 괴로웠으나 신하들 뜻에 따를 수밖에 없었다.

다음 날 동이 트자 다리우스는 곧장 사자 굴로 향했다. 당연히 다니엘은 죽었으리라. 그래도 혹시 몰라 그의 이름을 불렀다. 그러자 다니엘이 답했다.

"왕이시여, 저 여기 있습니다. 신께서 천사들을 보내 사자들의 입을 막아 저는 살 수 있었습니다. 신께서 보실 때 저는 무죄이며, 왕에게도 누가 되는 일을 한 적이 없기 때문입니다."

왕은 크게 기뻐하며 다니엘을 사자 굴에서 꺼냈고, 그를 모함해 죽이려 했던 신하들과 그의 가족을 전부 사자 굴로 보냈다. 그들은 미처 굴속에 발을 들여놓기도 전에 발기발기 찢어졌다.

의문이다. 그날 밤 사자 굴에선 정말로 무슨 일이 벌어진 걸까? 신께선 왜 다니엘만 살려주었을까? 교활한 신하들은 그렇다 쳐도 죄 없는 그들의 가족들은 함께 죽게 내버려두고선 말이다.

영국 화가 브리튼 리비에르의 〈다니엘, 왕의 부름에 답하다〉란 그림에 그 비밀이 드러나 있다. 당시 80살이 넘은 다니엘은 감히 사자들을 상대로 저항할 생각조차 못 했을 것이다(하긴 20살이었어도 뭐가 다를까.).

대신 그는 사자들을 완전히 등지고 창밖의 하늘, 즉 신께서 기거하시는 장소를 바라보았다.

성경은 종종 간장 종지 같은 이야기에 바다처럼 깊은 의미를 숨겨놓는다. 다니엘이 등을 지고 바라보지 않기로 한 사자 떼는 현실 세계를 상징한다. 좀 더 정확히는, 인간이 오감을 통해 인식하는 세계이다. 다니엘은 오감에 휘말리기를 거부한 것이다.

만일 다니엘이 사자 굴에 던져진 자신의 처지를 오감으로만 인식했다면 그는 곧장 두려움에 압도되었을 것이고, 그 두려움의 냄새를 맡은 사자들이 당장 그를 덮쳤을 것이다.

하지만 그는 무시무시한 사자들과 겁먹은 자신, 그리고 지금 느끼는 두려움까지 모두 신의 창조물임을 알고 있었다. 그가 신이 계신 하늘을 올려다본 건, 창조물에 저항하기보단 창조주의 뜻에 순응하겠다는 의지를 보여준다. 신과 분리된 상태로 자신은 아무런 의미도 없는 존재라는 걸 알았기에.

사람들은 보통 '나(myself)'를 볼 때 거울을 본다. 거울은 언제나 나를 중심으로 비추기에 그 안의 세상도 나를 중심으로 돌아간다. 하지만 거울 밖으로 나오면 곧장 이 세상은 냉정한 세계로 변한다.

아무도 나를 세상의 중심으로 여기지 않고, 주위엔 온통 나와 다른 생각을 가진 사람들뿐이다. 그들은 내가 옳지 않다고 생각하는 방식으로만 행동하고, 그로 인해 내가 느끼는 세상과의 괴리는 나의 영혼에 생채기를 낸다. 상처는 점점 깊어져 이내 삶을 견딜 수 없는 고문으로 여기게 된다. 이것이 신체 구조상 나의 '밖'을 바라볼 수밖에 없는 인간이 처한 운명이다.

이러한 운명을 바꿀 수 있는 유일한 방법은 밖을 보되 다니엘처럼 신이 있는 곳을 바라보는 것이다. 〈This Little Bird〉의 가사처럼 나는 비록 연약한 육체를 갖고 태어나 가느다란 깃털을 퍼덕이며 현실과 투쟁하지만, 나는 '신이 보낸 존재'라는 걸 알고 있기에 그 어떤 고통도 견뎌낼 수 있다.

그리고 내가 신이 보낸 존재라면, 다른 사람도 모두 신이 보낸 존재가 된다. 이렇게 나와 타인, 나아가 이 세상 모든 존재가 신이 보낸 사자使者임을 알 때 내가 두려워해야 할 사자獅子는 전부 사라진다. 사실 사자는 처음부터 없었다. 그들에 대한 나의 두려움만 있었을 뿐.

39

그들을 따라 내려가지 말 것

마이클 잭슨 Michael Jackson

Keep the Faith (1991)

심슨 가족(만화 캐릭터)이 사는 마을에 재앙이 찾아왔다. 오직 착하고 정의로운 사람만이 승천하여 신 곁으로 갈 수 있었다. 심슨 가족 중엔 평소 인권과 환경문제에 관심을 가졌던 리사만 공중으로 떠올랐다. 하지만 호머가 리사의 발목을 잡고 땅으로 끄잡어 내렸다. 아빠를 두고 혼자서 승천하는 '건방진' 딸을 두고만 볼 수 없었기 때문이다.

사람들의 심리도 딱 이와 같다. 내가 올라가지 못할 바에야 올라가는 사람 발목이라도 붙잡고 늘어지려 한다. 그러면서 〈별그대〉의 전지현 대사처럼 "너도 내가 있는 구렁텅이로 내려와라, 내려와라"

하는 것이다.

당신은 가장 높은 산에 오를 수도 있고
가장 깊은 바다를 헤엄칠 수도 있죠
간절히 바라는 마음과 강한 의지력과
자신에 대한 믿음만 있다면 말이죠

오직 믿음만 유지하면 돼요
누구도 당신을 방해할 수 없죠

〈Black or White〉, 〈Remember the Time〉, 〈Heal the World〉 등 세기의 명곡이 즐비한 마이클 잭슨의 《Dangerous》 앨범에 실린 비교적 덜 알려진 곡으로, 비록 가사에 낙관론적 클리셰가 가득하지만 언어가 갖는 힘은 단지 그 문자에만 있는 게 아니다. 흔해 빠진 문장도 마이클의 성대를 거치면 불가사의한 힘을 발휘할 때가 있다.

도입부에 흐르는 마이클의 미성을 듣고 있노라면 빙판 위를 소금쟁이처럼 잔잔하게 미끄러지던 김연아의 스케이팅이 떠오른다. 그러다가 어느 순간 그녀가 돌고래처럼 팍! 하고 튀어 올라 트리플

러츠를 성공시키듯이 마이클도 곡의 절정부에서 엄청난 발성 도약을 이루며 강렬한 메시지를 전달한다.

"Don't let nobody take you down(그들이 널 끌어내리도록 놔두지 마)."

✳

만일 당신이 아직 학생이거나 사회에 진출하기 전이라면 앞에서 한 말이 너무 냉소적으로 들릴지도 모른다. 당연하다. 나도 그랬다. 나도 학창 시절 어른들로부터 '지금이 진짜 친구를 사귈 수 있는 마지막 기회'란 말을 들으면, 나는 나중에 그들처럼 비관적으로 살지 않겠노라 다짐했다.

하지만 사회에 나가면 진짜로 저런 사람들을 수도 없이 만나게 된다. 나는 그걸 경쟁 사회가 만들어낸 일종의 병적 증세로 본다. 그렇다고 지금 '어떻게 하면 경쟁 사회에서 인간성을 잃지 않고 살 것인가'란 거대 담론만 논할 순 없잖은가. 당장 조심할 건 조심하는 게 좋고, 인간관계에서 가장 조심해야 할 점은 당신에게 일어나는 좋은 일이나 미래 계획을 발설하는 것이다.

누군가는 당신이 연애를 시작했다는 이유만으로, 다이어트에 돌입했다는 이유만으로, 금연 계획을 세웠다는 이유만으로, 평소 꿈꾸었던 목표에 도전한다는 이유만으로 불쾌감을 느낄 것이다. 당신이 앞서나가면서 자신은 뒤처진다는 초조함을 느끼기 때문이

샌프란시스코에 가면 왜 머리에 꽃을 꽂을까

다.

목표가 생겼다면 일단 무소의 뿔처럼 혼자서 가야 한다. 아무에게도 말하지 말라. 타인의 칭찬과 인정에서 비롯되는 쾌락에 의존하지 말고 오로지 나에 대한 믿음 하나만 갖고 밀고 나가라.

물론 가끔 타인의 조언도 유용할 때가 있지만 그것을 애써 구할 필요는 없다. 왜냐하면 타인의 말을 듣지 않아서 인생을 망치는 경우보다 그들의 말에 필요 이상으로 휘둘리다가 망하는 경우가 훨씬 더 많기 때문이다.

더구나 조언이란 건 원래부터 100% 신뢰하기 어렵다. 사람들은 대부분 조언을 제공하는 순간에도 언제나 자기 자신을 최우선으로 두기 때문이다. 아무리 좋은 조언도 기껏해야 차선책이며, 나머지 대부분은 당신을 견제하거나 통제하기 위한 위장술일 확률이 높다.

목표를 세웠다면 당분간 당신 몸에 난 구멍들(눈, 귀, 입)은 막아두는 게 좋다. 이때 당신에게 필요한 건 오직 이 한마디다.

"네 자신을 믿어(Keep the faith)!"

**"저는 뭔가를 결정할 때 절대 주변 사람에게 말하지 않아요.
"그거 좋은 생각이다" "너 잘할 수 있을 거 같아"라고 말하는
사람은 거의 없거든요. 왜냐면 누군가의 용기를 보았을 때**

사람들은 대부분 위기감을 느끼기 때문입니다."

– 모델 한혜진

샌프란시스코에 가면 왜 머리에 꽃을 꽂을까

40

하나가 되는 세계

존 레논 John Lennon

Imagine (1971)

어릴 때 우린 원수를 사랑하라고 배웠다. 말이야 쉽지. 그리고 정작 그렇게 가르친 어른들은 운전할 때 누가 끼어들기만 해도 육두문자를 내뱉고 난리도 아니던데.

그만큼 무조건적 사랑은 베풀기 어려운 일이다. 사랑은 주입식으로 교육할 수 있는 게 아니라 가슴속에서 자발적으로 일어나는 것이기 때문이다. 사랑은 머리가 아닌 가슴이 울리는 활동이다.

지옥과 천당이 없다고

상상해 볼 순 없나요
밑에는 땅만 있고
위에는 하늘만 있다고 말이죠
모든 사람이 행복만을 위해 사는 모습을
상상해 볼 수는 없을까요

국가별로 나뉘어 있지 않은
지구를 상상해 볼 순 없나요
국경을 지키다가 누군가를 죽여야 하고
누군가는 죽어야 할 필요가 없는 세상을
종교로 나뉘어 있지 않은
인류를 상상해 볼 수는 없나요
모두가 한데 섞여 평화롭게 사는 세상을
상상해 볼 순 없을까요

현대 사회는 씨족이나 길드로 이루어진 단체 사회가 아니라 개인으로 구성된 사회이다. 그러한 사회에선 내가 어떻게 먹고 살지, 내가 죽든지 말든지는 오롯이 내가 감당해야 할 문제다.

이 세상 좋은 것들의 99%는 상위 1%의 사람이 독점한다. 그러니 남은 99%의 사람들끼리 서로 피 튀기는 경쟁을 해야 한다. 이로 인해 모두가 겉으론 사람 좋은 척하지만, 실은 타인을 이용해 먹을 궁리만 한다. 존은 이러한 현상을 〈Working Class Hero〉란 곡에서 '웃으면서 살해하기'라 불렀다.

〈Imagine〉도 같은 문제의식에서 출발했다.(실제로 존은 〈Imagine〉을 가리켜 '순둥 버전의 〈Working Class Hero〉'라 했다.) 다만 〈Imagine〉에서 그는 냉혹한 현실을 묘사하는 대신 꿈같은 이상향을 노래한다.

✳

역사를 공부하다 보면 가끔 불편한 학설을 마주한다. 이를테면 경주 김씨의 시조는 흉노족이고, 김해 김씨 시조의 왕비는 인도인이라는 이야기 등이 그렇다. 그게 사실이라면 경주 김씨는 우리가 흔히 오랑캐라 부르는 민족의 후예가 되고, 김해 김씨에겐 절반의 인도인 피가 흐르는 셈이다.

뿐만 아니라, 석 씨 시조인 석탈해는 외국에서 온 사람일 가능성이 높다. 그가 태어난 장소는 일본열도의 한 지역으로 추정되기에 더더욱 불편하게 들릴 수밖에 없다. 하지만 여기서 또 한 번의 반전이 있다. 사실 그 석탈해의 고향인 일본 땅이 고구려 개국 공신인 협보가 세운 나라라는 설도 있다.

역사에서 민족이란 언제나 이처럼 서로 얽히고, 설키고, 갈라섰다 뭉치길 반복해 왔다. 순수 혈통 같은 건 없다. 어차피 1만 2천 년 전에는 한중일이 한 덩어리였다. 약 2억 년 전으로 거슬러 올라

가면 전 세계 대륙이 하나였다.

하늘, 특히 밤하늘을 올려다보면 이 세상 모든 인간은 우주라는 한 이불을 덮고 있다는 걸 알 수 있다. 우주는 본디 콩알만 한 하나의 알갱이였다. 그런데 빅뱅과 함께 그 알갱이는 무수한 개체(entity)로 쪼개져서 사방팔방으로 흩어졌다. 그 흩어진 개체 중 일부가 지금의 당신과 나, 우리가 되었다.

그런 우리가 이제는 대도시 고층빌딩에 가려진 하늘, 즉 우리의 고향을 잊은 채 각자 다른 동네, 다른 집, 각자 다른 방에 흩어져 살면서 몸뿐 아니라 마음도 서로 단절되어 버렸다. 그러면서 서로를 ○○파, ○○족 또는 ○○충으로 부르면서 서로에게 바리케이드를 치고 있다. 그래서 우린 자주 외롭다.

한 민족의 형제인 우리가 서로를 겨누고 있고
우리가 만든 큰 욕심에 내가 먼저 죽는걸

- 서태지와 아이들의 <발해를 꿈꾸며> 중에서

샌프란시스코에 가면 왜 머리에 꽃을 꽂을까

41

흔해 빠진 것의 놀라움

베트 미들러 Bette Midler

The Rose (1980)

———

한때 홍대 앞과 종로에 내 아지트가 하나씩 있었다. 합정동 근처에 사는 친구와 자주 가던 카페, 그리고 종로로 회사를 다니는 친구와 퇴근 후 함께 수다를 떨던 식당이었다.

그런데 코로나가 터지면서 두 곳 다 문을 닫았다. 이제는 사회적 거리 두기가 해제된 지도 4년이 가까워 오지만, 매장이 있던 자리는 여전히 텅 빈 채로 창문에 '임대'란 글자만 붙어있다.

페스트나 스페인 독감을 역사책에서만 보고 자란 세대에게 코로나는 엄청나게 두려운 경험이었다. 하지만 한 가지 깨달음도 주었다. 우리가 평소 당연하게 생각했던 것들이 사실은 대단한 행운이었다는 사실 말이다.

코로나가 한창일 때 폐 기능의 대부분을 잃고 방송사와 인터뷰를 가진 한 여성이 말했다.

"숨 쉬는 걸 당연하게 생각하지 마세요. 기계 장치의 도움 없이 숨을 쉴 수 있다는 건 사실 엄청나게 놀라운 일입니다. 저는 그걸 너무 늦게 깨닫고 후회 중이지만, 여러분은 저 같은 실수를 저지르지 마세요."

누군가는 말하죠
사랑이란 연약한 갈대를 삼키는
강물과 같다고

어떤 사람은 사랑은 마치
영혼을 피 흘리게 하는
면도날과 같다고 했죠

나는 이렇게 생각해요
사랑이란 한 송이 꽃이라고
그리고 당신은 그 꽃의 씨앗이고요

삶이 외롭고

갈 길은 험난할 때

당신은 이렇게 생각하죠

사랑은 가진 자들이나 할 수 있는 사치라고

하지만 그거 아나요?

한겨울 눈밭 깊숙이 묻혀있던 씨앗이

봄에 한 송이 장미로 피어날 수 있는 건

태양의 사랑이 있었기에 가능한 거라는 걸

싱어송라이터 겸 배우 아만다 맥브룸은 '밥 시거(70년대에 활약한 록 가수) 스타일의 노래를 하나 써보라'는 매니저의 제안에 약 45분 만에 〈The Rose〉를 완성한다.

베트 미들러는 이 노래를 자신이 출연한 영화 『The Rose』의 사운드트랙에 포함시키기로 하고 직접 녹음까지 했다. 그녀가 부른 〈The Rose〉의 싱글 앨범은 영화 주제가로는 드물게 100만 장 이상 판매되었고, 빌보드 핫 100 차트 3위까지 올랐다.

하지만 애초에 맥브룸은 〈The Rose〉를 영화 음악으로 만든 게 아니었다. 그래서 아쉽게도 아카데미 주제가상 후보에는 오르지 못했다(당시 아카데미는 그런 걸 미리 철저하게 조사한 뒤 후보를 선정했다.) 다만 이런 기준이 비교적 느슨했던 골든 글로브에선 결국 주제가상을 거머쥐었다.

✳

어른에게 내려진 가장 큰 형벌은 놀라움을 도둑맞았다는 것이다. 어릴 땐 모든 게 놀라웠다. 눈, 비, 구름, 막내 삼촌의 담배 연기 도넛, 증조할머니의 틀니, 고모의 눈에서 빠져나온 렌즈…… 하지만 어른이 된 지금은 그런 것들에 전혀 놀라지 않는다. 나름 살 만큼 살아오면서 웬만한 건 다 보았기 때문이다.

영국의 시인 워즈워스는 "내가 더 이상 어릴 때처럼 무지개를 보고 놀랄 수 없다면 차라리 죽는 게 낫다"고 했다. 여기서 무지개란 '주위에서 자주 쉽게 볼 수 있는 것'을 뜻하고, 그것을 보고 놀라지 않는다는 건 자주 쉽게 볼 수 있다는 이유만으로 그것의 가치마저 경시함을 의미한다.

맞다. 우린 종종 '흔한' 것과 '하찮은' 걸 혼동 한다.

나의 학창 시절을 떠올리면 당장 기억에 남는 순간이 몇 개 있다. 전 과목 시험에 만점을 받았을 때, 미술 시간에 그린 수채화가 학교 로비에 걸렸을 때, 나를 문제아 취급하던 담임선생님이 내가 꽤 좋은(세간의 평이 높은) 대학에 합격했다는 소식을 듣고선 졸업식 때 만나 연신 기특하다며 어깨를 두드려 주었을 때 등등. 당시엔 이렇게 무언가를 성취하는 순간만이 나의 학창 시절을 빛내주는 줄 알았다. 하지만 세월이 지나 보니 진정으로 찬란하게 빛나는 건 그동안 내 기억 속에서 멀어져 있던 기억들이었다.

초등학교 교문 앞에 흐르는 정화되지 않은 개천에서 나던 웃긴 냄새(당시 우리들의 표현이었다.), 한겨울 아직 해도 뜨지 않은 등굣길에 골목에서 김이 모락모락 나는 떡집을 훔쳐보며 군침을 흘리던 기억, 마치 어르신들이 특별한 용무 없이 동네 복덕방을 들락거리듯 하굣길에 잠깐씩이라도 꼭 한 번 들렀던 레코드 가게, 거기서 "이젠 사람들이 CD를 안 들어" 하며 한숨을 푹푹 내쉬던 사장님 눈 밑의 다크서클……전부 매일 하던, 매일 보던, 그래서 당시엔 하나도 놀라울 게 없었던 것들이다.

〈The Rose〉의 화자가 겨울 동안 눈 속 깊은 곳에서부터 장미꽃을 준비시키는 태양한테서 사랑의 놀라운 힘을 발견했듯이, 우리가 정말로 놀라워해야 할 것들도 어쩌면 일상 속에 숨겨진, 평소엔 잘 보이지 않는 지루하고 무미건조한 것들일지도 모른다.

진흙은 우리가 노력하지 않아도 흔하게 볼 수 있는 것이다. 하지만 그 안에 숨겨진 진주는 노력으로 '찾아내는' 것이다. 만일 진흙은 흔해 빠진 것이라면서 거기에 눈길조차 주지 않으면 평생 진주는 찾아낼 기회조차 가질 수 없다.

지금 발에 치이고 흔해 빠진 것들에서 놀라움을 발견하라. 현재 중고 시장에서 수십만 원을 호가하는 물건이 과거 구멍가게 진열

대에 처박혀 있던 싸구려 잡동사니에 불과했던 것처럼, 지금 당신 앞의 하찮은 것이 나중에는 당신에게 얼마나 값지고 소중한 것이 될는지는 아무도 모른다.

42

홀로세-인류세-플라스틱세?

아쿠아 Aqua

Barbie Girl (1997)

**"잔소리 안 하고 부엌에만 좀 얌전히 처박혀 있는 가슴 큰
아내의 시가市價는 얼마쯤 하지?"**

영화 『스텝포드 와이프』에 나오는 대사이다. 그래도 이건 영화
다. 얼마 전 현실에서 한 공직자는 이런 말을 했다.

"인구 절벽 문제가 심각한데, 베트남 처녀들 좀 수입해갖고 노총
각들 장가 좀 보냅시다."

수많은 사람들이 참여한 공식 회의 장소에서, 그것도 방송 3사
가 생중계를 하는 와중에 나온 발언이었다. 즉슨, 그는 이 말이 문

제가 될지도 모른다는 인식 자체가 없었다는 뜻이다.

왜 그럴까? 아마도 최소한 그가 그 발언을 하는 순간만큼은, 그에게 '여성'은 소설 『멋진 신세계』에 나오는 '자궁 기계'와 다를 바 없고, '베트남 처녀'는 '국내산보다 값싼 기계'에 지나지 않았기 때문일 것이다.

그러한 인식이 평소 그의 무의식 깊숙이 뿌리박히지 않았다면, 전 국민이 보는 앞에서 '처녀 수입' 같은 단어를 사용함으로써 자신의 커리어를 위태롭게 하진 않았으리라(여기서부턴 작가의 뇌피셜이지만, 아마도 그는 평소 사석에서 '한국 처녀'를 '제대로 기능하길 거부하는 기계' 취급하는 발언도 서슴지 않았으리라 충분히 예상된다.).

이 사건을 보도하는 뉴스를 보면서 이런 말을 하는 사람들도 있었다.

"으이그, 조심 좀 하지."

그런데 정작 무서운 건 바로 그 '조심성'에 있다. 사람이 사람을 사물 취급하지 않는 데에 꼭 조심성이 필요한 걸까? 사람을 향해 '수입' 대신 '맞선'이란 단어를 사용하는 게 그렇게 머리를 쥐어짜내야 할 정도로 어려운 일인가?

(안녕, 바비)
안녕, 켄

(드라이브나 할까?)

좋지

(얼른 타)

나는 '바비 세상'에 사는 바비라고 해

플라스틱 세상의 삶은 정말 끝내 줘

너는 언제든 내 머리도 빗겨줄 수 있고

아무 데서나 내 옷도 벗겨줄 수 있어

상상해 봐, 네가 원하는 대로 창조하는 삶을

(파티장으로 가자, 바비)

나는야 환상의 나라에 사는 멍청한 금발 소녀

옷 좀 입혀줘, 허리는 꽉 졸라 줘, 나는야 너의 꼭두각시

(맞아 넌 나만의 인형, 핑크로 처바른 의상이 참 예뻐)

(여기 뽀뽀해 봐, 거기 좀 만져 줘, 붕가붕가)

아무 데나 만져 줘

날 갖고 놀아도 돼

내가 니꺼라는 확신만 준다면

언제든 내게 명령해 줘

걸으라면 걷고, 말하라면 말할게

역할극도 해줄 수 있고

무릎 꿇고 빌 수도 있어

(올라타, 골빈 친구)

(우리 그거나 한 번 더 하자)

(오늘 밤 단둘이서 파티 파티)

'동심파괴송'으로 악명 높은 이 노래에 비하면, 앞서 소개한 밥 딜런의 〈Like a Rolling Stone〉이나 이글스의 〈Hotel California〉에게 맞은 뒤통수는 아픈지도 모를 정도이다.

90년대 중반부터 케이블 TV 시대가 열리면서 그전까진 보기 힘들었던 팝송 뮤직비디오를 마음껏 볼 수 있게 되었다. 그런데 당시 어린 학생들에게 팝송 비디오는 국내 가요보다 진입 장벽이 훨씬 높았다. 왜냐하면 5개 중 3개(물론 과장이다.)는 해변의 비키니 여성 무리나 침대에 누운 남녀 주인공의 모습을 보여주었기 때문이다. 그 시절 팝 뮤비는 청소년들의 대표적 '숨보영(숨어서 보는 영상)'이었다.

그러던 어느 날, 마침내 어머니 눈치를 보지 않고도 거실에서 맘껏 볼 수 있는 팝 뮤직비디오가 등장했다. 마치 일본 팬시 문구점

같은 키치한 매력의 세트장에서 예쁘게 차려입은 누나와 잘생긴 대머리 아저씨의 코믹 연기. 카메라 앞에서 몸을 흔드는 비키니 여성도, 쓸데없이 웃통을 벗고 다니는 근육질 남성도 없었다.

그래서 사람들은 〈Barbie Girl〉의 가사도 당연히 뭔가 순수한 동심의 세계를 그린 것일 거라 생각했다. 하지만 웬걸. 파파야 슬러시인 줄 알고 먹었는데 알고 보니 자동차 워셔액이었다!

선정적 가사 논란에 대해 아쿠아 멤버들은 각자 조금씩 다른 이야기를 하는 것 같다. '이건 여성 혐오적 가사도, 반어적 메시지도 아닌, 그냥 가볍게 즐기라고 만든 곡'이라고 말하는 멤버가 있는가 하면, '명백한 풍자'라고 주장하는 멤버도 있다.

다행인 건, 우리나라보다 자유로운 사고를 가진 미국인들은 별로 신경 쓰지 않았다는 것이다. 딱 한 집단의 사람들만 빼고. 바로 바비 인형의 제조사 마텔이었다.

마텔은 〈Barbie Girl〉이 자신들의 상표권을 침해하고 바비를 성적 대상으로 묘사함으로써 브랜드 이미지를 훼손시켰다며 아쿠아의 소속사 MCA를 상대로 소송을 제기했다. 하지만 표현의 자유를 중시하는 미국의 법원은 결국 아쿠아의 손을 들어주었다.

이러한 논란에도 불구하고 〈Barbie Girl〉은 엄청난 기록을 써 내려갔다. 심지어 『피플』 매거진은 〈Barbie Girl〉 멜로디를 머릿속에서 떼어내려면 뇌 수술이 필요할 것'이라고 평했다. 또한 이 곡의 싱글 앨범은 영국에서만 180만 장이 넘게 팔리면서 2023년 기준 '역대 싱글 앨범 판매량 16위'에 올랐으며, 같은 해 빌보드 선정 '역대 최고의 팝송 500곡'에도 선정되었다.

마텔도 결국 〈Barbie Girl〉 앞에 손을 들었다. 2009년, 바비 인형의 판매량이 예전 같지 않자 광고에 이 노래를 배경음악으로 깔았고, 2023년 영화 『바비』의 사운드트랙에는 〈Barbie Girl〉을 샘플링한 노래 〈Barbie World〉를 수록했다.

✳

내가 다녔던 중학교 옆에는 홍제천이라는 개천이 흐른다. 최근에는 홍제 폭포 덕분에 특히 여름에 많은 사람들이 찾는 관광 명소가 되었다. 그런 홍제천에는 폭포와 함께 슬픈 역사도 같이 흐른다('전설'이 아니라 '역사'다.).

병자호란 때 청나라에는 수많은 한국 여성들이 인질로 끌려갔다. 그들 대부분이 성적으로 착취되었음은 굳이 설명하지 않아도 될 것이다.

그런데 온갖 치욕을 견디고 구사일생으로 살아 돌아온 그들을 맞이한 건 '환향녀'라는 꼬리표였다. 직역하면 그저 '고향으로 돌아온 여성'이지만, 저 말 속에는 '오랑캐에게 정절을 빼앗긴 여자'란 혐오의 뜻이 담겨 있다.

심지어 '정절을 빼앗기다'라는 피해자적 관점이 '문란하게 놀아

나다'라는 가해자적 관점으로 바뀌기까지 했다. 지금은 많이 사라졌지만, 아직도 어딘가 일부 사람들 사이에선 여성의 문란함을 비난하며 '화냥년'이란 단어가 사용되고 있다.

환향녀 꼬리표가 붙은 여성들은 통한의 질곡을 견디고 돌아온 고향에서도 환영받지 못했다. 끌려가기 전 혼인했던 사람들은 이미 첩을 들인 남편에게 쫓겨났고, 저잣거리에선 '더럽혀진 여자'라고 손가락질받았다. 도성에는 아예 발길조차 들일 수 없었다.

이들이 고통을 호소하자, 인조 임금은 특단의 조치를 내렸다. 도성에 들어오는 길목에 홍제천에서 몸을 씻은 환향녀들은 끌려가기 전과 똑같이 몸과 마음이 깨끗한 여자로 대하라는 어명이었다.

역사 기록에는 환향녀들이 홍제천에서 몸을 씻으면서 왕에 대한 감사함으로 눈물을 철철 흘렸다고 한다. 그런데 웃기지 않은가? 왕은 여전히 여성들에게 "씻어서 깨끗해지라"고 말하고 있다. 자신이 지켰어야 할 백성들이 남의 나라에 끌려가 온갖 수모들 당하고 돌아왔는데 누가 누구 앞에서 '죄를' 씻어야 한단 말인가? 왜 죄 없이 끌려간 백성이 더러워진 사물 취급을 당하면서 '세척'되어야 할까?

거기엔 여전히 여성을 순결이라는 품질보증서가 붙어 있다가, 그것을 잃으면 녹슬거나 고장 난 사물 취급하는 인식이 깊이 뿌리내려 있었다. 물론 당시의 시대 상황을 고려할 때 마냥 인조를 비난할 수만은 없을 것이다. 인조의 그런 조치마저도 당시엔 파격적일 정도로 '페미니스트'한 방책으로 평가받았으니까.

아무튼 당시 여성들은 성性이라는 본유적 정체성 때문에 사회적으로 사물화되었고, 남성들은 이 부분에 있어서만큼은 여성에 비해 어느 정도 우위에 설 수 있었다. 그러나 문제는, 근대화가 이루어지면서 '여성의 사물화'가 철폐된 것이 아니라, 이제는 '인간의 사물화'가 시작되었다는 것이다.

자본주의 사회에서 고용주의 이익을 생산해 내는 노동자는 단지 하나의 기계 부품으로 전락해 버렸다. 그들이 왕성한 노동력을 가질 땐 마치 예전의 '순결한 처녀'가 그랬듯이 품질 보증을 받을 수 있었고, 나이가 들거나 몸을 다쳐서 전과 같은 생산력을 발휘하지 못하면 곧장 녹슨 기계나 폐품 취급을 당해야 했다.

이러한 현상을 가리켜 칼 마르크스는 소외(Alienation)라고 했다. 이 소외 앞에서는 남자도 여자도 없다. 사물화 차원에서만 보면 양성평등이 이루어진 것이다.

그리고 결국 오늘날에 와서는 인간이 사물(기계) 취급도 못 받는 일이 벌어졌다. 수많은 사람들의 일자리가 AI로 대체되기 시작했다. 5년에서 10년씩 공부해서 회계사 시험에 합격한 사람들이 AI한테 밀려나 편의점이나 택배사에서 일하고 있다. 문제는, 머잖아 편의점이나 택배사 업무도 전부 AI가 대체할 것이 거의 분명하다는 것이다.

자본주의 사회는 자본가가 지배하는 세상이다. 자본과 돈은 다

샌프란시스코에 가면 왜 머리에 꽃을 꽂을까

르다. 자본은 돈을 벌어들이기 위한 돈이다. 대부분의 사람들에겐 이런 돈이 없다. 쓰기에도 바쁘고, 쓰고 남은 쥐꼬리 금액은 저축하기도 빠듯한데 투자 같은 건 아예 꿈도 못 꾼다.

'기계의 인간 대체'는 자본가에게 있어선 더할 나위 없는 희소식이다. 지금껏 인력人力은 자본가에게는 아까운 손실이었다. 부려 먹기만 하고 싶은데, 어쩔 수 없이 돈을 줘야 하기 때문이다. 하지만 기계는 돈을 안 줘도 된다. 그래도 그들은 열심히 일하고, 불평하지 않고, 파업이나 태업도 하지 않는다. 노동청에 신고도 하지 않는다.

이제 '소외'란 단어는 여성에게만 해당하지도 않고, 늙은 은퇴자들 또는 못 배운 사람들에게만 해당하지도 않는다. 어쩌면 정말로 머잖아 롤렉스 시계를 찬 휴머노이드에게 인간들이 동냥을 하는 시대가 올지도 모른다.

이러한 미래를 막기에는 어쩌면 이미 늦었다. 늦어도 한참 늦었다.

그래도 우린 지금이라도 다시 질문해 봐야 한다. 같은 인간끼리 다른 인간을 아무렇지도 않게 사물화하는 습관이 결국 머잖아 인간 전체의 사물화를 초래하는 건 아닐까?

어쩌면 플라스틱 세상의 삶은 바비가 말하는 것처럼 끝내주지만은 않을지도 모른다. 플라스틱 세상에서의 모든 행위는 오렌지를 본떠 만든 시계태엽 장치에 불과하다. 그 안에서 벌어지는 남녀 간의 사랑도 죽은 것들의 충돌이 내는 소음 외 아무것도 아니다.

우리는 진짜 사랑을 되찾아야 한다. 그것만이 '팍스 마키나Pax Machina'를 막을 수 있는 유일한 길이다. 진짜 사랑이란, 거창한 게 아니다. 한 사람 한 사람의 세포 하나하나가 신의 창조물임을 깨닫고, 그들의 성별이나 국적, 인종, 체격, 신체기능, 정신 기능과는 상관없이 그 안에서 똑같이 신의 지문을 발견하는 것이다.

『미녀와 야수』에서 커피포트와 찻잔, 촛대, 옷장, 괘종시계 등 사물로 변해버린 신하들의 마법을 풀어준 것도 결국 야수의 '진짜 사랑'이었다. 야수의 사랑이 진짜였던 이유는, 그것이 기계적 사랑이 아니었기 때문이다.

기계적 사랑이란, 자본가적 사랑을 의미한다. 그것은 이익이 남는 사랑이다. 그 관계에서 내가 더 챙길 게 많아야 그제야 작동하는 사랑 말이다.

그러나 왕자의 사랑은 이익을 챙기지 않았다. 미녀의 아버지를 풀어주고 대신 미녀를 곁에 두기로 한 건 말 그대로 수지맞는 장사였다. 그러나 야수는 결국 미녀도 풀어주었다. 그녀를 사랑했기 때문이다. 아버지를 만나지 못해 슬퍼하는 미녀를 더는 두고 볼 수 없었던 것이다.

인간은 너무나 오랫동안 이익을 사랑의 '앞에 두고' 살아왔다. 그것의 결과물이 오늘의 현실이다. 그 현실이 맘에 든다면 지금까지 살아온 방식이 맞다는 뜻이다.

하지만 당신은 정말 오늘날의 현실이 맘에 드는가? 정녕 인류세를 지나 플라스틱세를 향해 달리는 철마에 올라타려는가?

"우린 말이 아니야. 사람이야. 사람은……"

- 드라마 <오징어 게임>에서 이정재의 마지막 대사

43

조금 더 아름다운 이별

보이즈 투 멘 Boyz II Men

It's So Hard to Say Goodbye to Yesterday (1991)

내가 이 노래를 마지막 곡으로 선정한 데에는 두 가지 이유가 있다.

하나는, 작별 인사에 관한 곡이라 책을 갈무리하는 곡으로 더없이 잘 어울려서. 다른 하나는, 개인적으로 내게 의미 있는 팝송이기 때문인데, 이 곡이 실린 보이즈 투 멘의 《Cooleyhighharmony》가 내가 태어나서 처음으로 돈을 주고 구매한 팝송 앨범이기 때문이다.

구매 의도가 그리 순수하지만은 않았다. 우리 동네엔 나와 같은 꼬맹이 주제에 삼촌뻘의 대학생 형이 있다는 이유만으로 유독 어른인 척하던 친구가 있었다. 나와 내 친구들이 동요를 부를 때 그는 형한테서 빌린 팝송 테이프를 들으면서 우리를 어린아이 취급했다.

잔뜩 약이 오른 나는 어머니를 졸라 돈을 타 낸 다음 무작정 동네 레코드 샵으로 향했다. 그리고 무조건 '있어 보이는' 앨범들을 찾기 시작했고, 그때 내 손에 들어온 게 바로 〈It's So Hard to Say Goodbye to Yesterday〉가 실린 보이즈 투 멘의 데뷔 앨범이었다.

다음 날 나는 그 친구 앞에서 새로 산 테이프를 꺼내 보였다. 그는 앨범 커버만 보고도 연방 "너무 멋있다"며 감탄했다. 일종의 쾌감이 들었다. 왜냐하면 난 그가 언제 그 표현을 쓰는지를 정확히 알고 있었기 때문이다.

일단 가요면 안 된다. 팝송이어야 한다. 그리고 가수가 흑인이어야 한다. 무슨 이유인지는 몰라도 그에게 휘트니 휴스턴은 멋있고, 셀린 디옹은 별로였다. 머라이어 캐리(흑백 혼혈)도 멋있지만, 로린 힐(순수 흑인)이 더 멋있다는 걸 보면 그에게 인종은 중요한 기준이었던 것 같다.

그런데 내가 산 앨범 커버에는 흑인 가수 사진이 실려 있었다. 그것도 네 명씩이나. 거기다가 뜻풀이가 전혀 안 되는 영어(Cooleyhighharmony)까지 적혀 있었으니 그한테서 "멋있다"는 말이 절로 나올 수밖에.

우리가 함께했던 나날과
어떻게 작별해야 할지 모르겠어요
그 좋았던 시절은 우리를 웃게 해줬고
나쁜 일들을 잊게 해주었죠

난 우리에게 작별이란 없을 줄 알았어요
하지만 결국 때가 왔네요
지난날들과 작별한다는 건
정말로 힘든 일이네요

내가 인생의 어디쯤 와 있는지
갈피가 안 잡혀요
우리가 함께했던 나날이
내 인생의 유일한 지표가 되어 주죠

만일 우리가 내일 만날 수 있다면
그간 기다린 보람이 있을 테죠
지나간 날과 작별한다는 건
참 힘들어요

내 삶에 그림자가 드리울 때면

당신과의 추억을 회상하며
그것을 나의 햇빛으로 쓸게요
당신과 더 이상 함께 할 수 없다는 걸
받아들이기가 쉽지 않아요

1975년 영화 『Cooley High』의 O.S.T에 실린 곡을 16년 후 R&B 보컬 그룹 보이즈 투 멘이 리메이크해 히트시킨 노래이다. 빌보드 R&B 싱글 차트 38위가 최고 성적이었던 원곡을 빌보드 Hot 100 차트 2위까지 올려놓으면서 리메이크의 대표적 성공 사례로 꼽힌다.

이 노래가 실린 앨범의 타이틀 'Cooleyhighharmony'는 원곡이 처음 등장한 영화 제목에서 따온 것이다.

보이즈 투 멘은 〈It's So Hard to Say Goodbye to Yesterday〉의 뮤직비디오를 같은 해 뇌종양 합병증으로 사망한 21살의 여성 래퍼 MC 트러블에게 헌정했다.

✳

해외 어학연수 학원에서 'farewell'이란 단어를 처음 알게 되었다. 학원에선 매주 금요일 오후 졸업생들을 위한 송별회가 열렸는데, 바로 이 행사를 가리켜 '페어웰 파티farewell party'라 불렀다.

Fare(어떤 일의 진행 상태나 살림 형편)와 well(잘 되다, 잘 나가다)이 결합된 farewell은 문자 그대로 '잘 살라'는 뜻인데, goodbye굿바이와 함께 영어권에서 작별 인사로 가장 많이 쓰이는 표현이다.

'Farewell'이라는 말은 내게 무주상보시라는 불교 용어를 떠올리게 한다. 무주상보시는, '상에 머무르지 않는 보시'를 뜻한다. '보시'는 쉽게 말해 '기부'의 불교식 표현이다. 그럼 상에 머무르지 않는다는 건 무슨 뜻일까?

상相은 불교에서 단순히 눈에 보이는 형상만을 뜻하지 않는다. 오감으로 체험하는 대상은 전부 상이라 할 수 있으며, 그뿐 아니라 생각, 관념, 신념, 욕망 등도 모두 상이 될 수 있다.

상의 본질은 '고정된 형태로 집착하는' 것이다. 여기서 '고정'이란 말에는 원리와 원칙, 규칙, 법칙 등이 포함된다. 예컨대 '내가 너에게 베풀면 너도 나에게 베풀어야 한다'는 식의 기브앤테이크나 상부상조 원리도 상이 될 수 있다. 이 원리를 벗어난 보시가 무주상보시인 것이다.

내가 무언가를 베풀 땐 응당 상대도 내게 똑같이 베푸는지, 또는 베푸는 나의 행위에 보상이 따라오는지에 신경이 쓰인다. 이것은 속세의 보시이지 무주상보시가 아니다. 우리의 대부분의 베풂도 바로 이 속세의 보시에 머문다. 가장 흔한 예가 부조금이다. 우리는 상대가 베푼 부조금의 액수를 기록하고 저장해둔다. 그리고 그것에 따라 차후 그에게 낼 부조금의 액수를 정한다. 대개의 경우

기록해 둔 액수보다 적게도, 많게도 내지 않는다.

이것은 단순 부조금에 한정해서만 벌어지는 일이 아니다. 우리는 정서적으로도 쉴 새 없이 계산기를 두드린다. 내가 상대에게 정서적 호의를 베푼 적이 있다면 그것을 반드시 기억해 둔다. 그리고 차후 그에 상응하는 보상이 돌아오지 않으면 기분이 상하거나 분노한다.

이것의 극단적 사례가 교제 폭력이다. 상대에게 투자한 나의 시간과 돈, 그뿐 아니라 정서적 헌신까지 모두 계산서에 포함시킨 뒤 마진이 남지 않으면, 이를테면 내가 한 만큼 상대도 헌신하지 않거나 이별 통보를 해오면 폭력을 행사해서라도 변상받으려 하는 것이다. 이것은 사랑을 산수로 착각하는 데서 벌어지는 비극이다.

사실 사랑은 산수와 가장 거리가 먼 개념이다. 오늘날엔 경제 체제뿐 아니라 인간의 사고방식 자체가 자본주의화 되었다고 할 수 있는데, 그 와중에 우리가 거의 유일하다시피 자본주의적 계산을 벗어날 수 있는 게 바로 사랑이다. '사랑은 약삭빠른 머리가 요리조리 계산해도 도무지 따라잡을 수 없는 마음으로 하는 것'이라고 말한 고故 장영희 교수가 세상에서 가장 이상한 사랑에 대해 이야기한 카슨 매컬러스의 『슬픈 카페의 노래』를 번역한 것도 바로 그러한 이유 때문인지 모른다.

작별은 상대가 나의 삶에서 퇴장함을 의미한다. 그것은, 앞으로 내가 그 사람 덕을 볼 일이 없어졌다는 뜻이다. 이걸 자본주의적으로 기술하면, 상대는 내게 쓸모가 없어진 것이다. 그런데도 우리가 상대의 farewell을 기원한다면, 그것은 자본주의적 사고 차원에선 매우 이상한 행위다. 마치 『슬픈 카페의 노래』의 주인공들의 기이한 사랑처럼. 그러니까 "Farewell"은 결국 "사랑해"와 같은 말이다.

삶과 작별하는 순간은 언젠가 찾아오게 마련이다. 내게도, 당신에게도. 그때 당신은 세상과 어떠한 작별의 인사를 나누고 싶은가? Farewell? 아니면, "내겐 아직도 세상으로부터 돌려받을 게 많아!" 같은 각골통한을 울부짖을 것인가? 어느 것이 그래도 조금 더 아름다운 이별이 될까?

샌프란시스코에 가면 왜 머리에 꽃을 꽂을까

나가는 글

한때 "재즈가 뭐라고 생각하세요?"라는 밈이 유행했다. 이것을 '재즈'로 한정 짓지 말고 '음악'으로 바꿔 묻는다면, 즉 "음악이 뭐라고 생각하세요?"라고 묻는다면, 나는 이렇게 답하겠다.

"음악은 소금이다."

연로한 할머니의 기억 속에서 이제는 많은 것들이 사라진 것처럼 보였다. 하지만 혹시나 해서 할머니의 소싯적 노래방 18번인 문주란의 〈동숙의 노래〉를 들려드렸더니 가사도 보지 않고 전부 따라 부르셨다.

그걸 옆에서 지켜본 느낌은, 노래가 할머니의 머릿속에서 나오는 게 아니라 마치 몸 전체에서 나오는 것 같았다는 것이다. 이걸 조금 어렵게 말하면, 노래가 명시적 기억(Explicit Memory)이 아닌, 암묵적 기억(Implicit Memory)으로 저장된 것처럼 보였다는 것이다.

할머니한테선 애써 가사를 기억하려고 노력하는 모습이 보이지 않았다. 단지 낮 동안 햇빛을 머금은 형광석이 밤에 빛을 방출하는 것처럼, 그렇게 노래는 할머니의 입을 통해 자연스럽게 흘러나왔다.

'녹아내리는 시계'로 유명한 살바도르 달리의 그림 제목은 「기억의 지속」이다. 정작 대중에게는 잘 알려지지 않은 그림 속 주황색 시계야말로 달리에게 시간이 어떤 존재인가를 잘 보여준다.

시커멓게 들끓는 개미 떼가 시계 면적의 반 이상을 덮고 있다. 달리 스스로도 어릴 적 목격한, 박쥐의 사체를 개미 떼가 뒤덮고 있는 장면에서 영감을 받았다고 말한 것처럼, 시간의 영향을 받는 존재는 모두 언젠가는 사체로 변할 거라는 걸 암시한다.

그는 시계를 '무섭고 냉정한 불길한 신'이라고 부른 프랑스의 시인 보들레르처럼, 시간의 지속을 두려워했던 것 같다. 그래서 단단한 금속으로 된 시계를 녹아내리는 형상으로 묘사함으로써 현실과 허상의 중간쯤에 걸친 '희미한' 존재로 만들고 싶었는지도 모른다.

샌프란시스코에 가면 왜 머리에 꽃을 꽂을까

그렇다. 시간은 흐르고 현재는 매 순간 사체로 변하고 있다. '대체 언제쯤 학교 울타리서 벗어날 수 있을까' 싶었던 학창 시절도 눈 깜짝할 새 사라져 버렸다. 영원히 내 곁을 지켜줄 것만 같았던 소중한 사람들도 사라지고, 우리는 이제 영원히 그들을 다시 만나지 못한다는 걸 안다.

맞다. 시간은 흘러 '간다.' 하지만 기억은 '남는다.' 기억은 지속되고, 음악은 기억을 더 오랫동안 저장하도록 도와준다. 하지만 이때의 기억은 단순 기계적 암기와는 다르다. 그것은 에리히 프롬이 『소유냐 존재냐』에서 말한 '능동적 회상'에 더 가깝다. 즉 특정한 기억 자료를 다른 자료들과 생생하게 연결하는 생산적 사고인 것이다.

음악과 함께 하는 기억은 우리의 영혼 속 깊숙이 파고들어 추억과 정취로 재생산된다. 음악은 단지 여러 음식물을 한데 모아 바깥에 내버려 둔 상자처럼 기억을 그대로 상하거나 썩도록 방치하지 않는다. 대신 기억을 조금 더 오랫동안 조금 더 싱싱한 상태로 보존

하여 언제든 꺼내서 맛있게 먹을 수 있도록 하는 염장 역할을 한다. 그래서 음악은 소금이다.

　이 책이 나오기까지 여러 우여곡절이 있었다. 영원히 노트북 폴더 안에 갇혀있을 줄 알았던 원고의 가치를 알아봐 준 프로방스 조현수 대표님과 조영재 이사님께 감사의 뜻을 전한다.

　아울러, 옆에서 늘 변함없는 지지를 보내준 가족과 지인들에게도 무한한 감사를 보낸다.